Bea Menger

Solange ich noch Hoffnung habe

FAScetten eines Lebens

Die Autorin

Bea Menger ist verheiratet und Vollzeitmutter aus Überzeugung. Sie hat vier erwachsene Kinder, ihr jüngster Sohn hat FAS. Ihren behinderten Pflegesohn begleitet sie bis heute. Bea Menger engagiert sich im Verein FASD Deutschland e.V.

Bea Menger

Solange ich noch Hoffnung habe

FAScetten eines Lebens

Bibliografische Information der Deutschen Nationalbibliothek
Die Deutsche Nationalbibliothek verzeichnet diese Publikation in der Deutschen Nationalbibliografie; detaillierte bibliografische Daten sind im Internet über http://dnb.d-nb.de abrufbar.

Besuchen Sie uns im Internet: www.schulz-kirchner.de

1. Auflage 2017
ISBN Print 978-3-8248-1207-3
ISBN E-Book 978-3-8248-9989-0

Mollweg 2, D-65510 Idstein
Vertretungsberechtigte Geschäftsführer:
Dr. Ullrich Schulz-Kirchner, Nicole Haberkamm
Lektorat: Doris Zimmermann
Layout: Susanne Koch
Druck und Bindung: Zimmermann Druck + Verlag GmbH
Widukindplatz 2, D-58802 Balve
Printed in Germany

Inhalt

„Was man nicht aufgibt, hat man nicht verloren“
Friedrich von Schiller

Vorwort

Wir alle werden nackt geboren, und niemand vermag zu diesem Zeitpunkt bereits zu sagen, wie unsere Entwicklung verlaufen wird, welchen Lebensweg wir einmal einschlagen werden. Wird es ein guter oder ein schlechter sein? Beeinflussen wird diesen Weg vor allem unsere Umwelt, in der wir aufwachsen und erzogen werden. Wird uns Gutes vorgelebt, können wir Gutes lernen – und umgekehrt. Was aber, wenn einem Menschen schon vor der Geburt die Möglichkeit genommen wurde wahrzunehmen, aufzunehmen, zu differenzieren, zu lernen …?

Alkoholkonsum in der Schwangerschaft ist die häufigste Ursache für nicht genetisch bedingte kindliche Fehlbildungen. Der Oberbegriff für diese Schädigungen ist FASD (fetal alcolhol spectrum disorder – Fetale Alkoholspektrumstörung). In Deutschland werden jährlich zwischen ca. 4.000 bis 10.000 Kinder mit FASD geboren. Diese Kinder können sich infolge des Alkoholeinflusses nicht störungsfrei im Mutterleib entwickeln.
Alkohol ist wasserlöslich und überwindet die Plazentaschranke. Das ungeborene Kind hat in kurzer Zeit denselben Alkoholspiegel wie die Mutter. Es braucht aber 10 x länger, um den Alkohol abzubauen, ist also noch lange der schädigenden Wirkung des Alkohols ausgesetzt. Nicht nur Alkoholikerinnen können ihr Kind schädigen! Je nachdem, in welchem Umfang und in welchen Abschnitten der Schwangerschaft getrunken wird, weisen die betroffenen Kinder körperliche Fehlbildungen und/oder geistige Defizite auf.
Eines aber haben alle gemeinsam: Sie werden sich erfahrungsgemäß nicht oder kaum im Leben zurechtfinden! Daher ist es wichtig, FASD so früh wie möglich zu diagnostizieren und Perspektiven zu entwickeln, damit den Kindern und ihren Familien wirksame Hilfen und Therapien angeboten werden können.

Es ist nicht einfach, ein Kind mit FASD großzuziehen, aber es ist auch nicht unmöglich. Doch die schwerwiegenderen Probleme treten oft erst im Erwachsenenalter auf, dann, wenn die Betroffenen niemanden mehr haben, der sie an die Hand nimmt und ihnen zur Seite steht. Die ehemaligen Pflegeeltern haben dann keinerlei Rechte mehr, sind aber doch oft der einzige Halt für die hilflosen jungen Menschen.

Der nachfolgende Erfahrungsbericht ist die Geschichte einer Pflegemutter, die ihr Pflegekind mit FASD vom Baby- bis ins Erwachsenenalter begleitet hat und noch heute begleitet. Eine Geschichte über Freude und Trauer, über positive Entwicklungen im Wechsel mit schwierigen Zeiten, über Steine, die den Pflegeeltern in den Weg gelegt wurden, über eine sehr späte Diagnose und den Weg dahin – bis heute. Sie zeigt eindringlich, wie wichtig eine frühe Diagnose ist. Ein Buch nicht nur für Eltern von Kindern mit FASD.

Ich wünsche Bea Menger und ihrer Familie alles Gute und viel Kraft und diesem Buch viel Erfolg.

Katrin Lepke

Ankunft

Es war soweit, heute sollten wir unser Kind bekommen! Alles war ganz anders als bei den vorhergehenden Kindern, und dieses Kind hat unser Leben weit mehr verändert, als wir uns das je hätten träumen lassen.

Aber der Reihe nach:
Wir, das sind mein Mann Klaus, die Kinder Ben, Fabio und Johanna, damals 8 Jahre, 5 Jahre und 23 Monate alt, und ich.

Nach der Geburt unseres dritten Kindes haben wir uns recht schnell mit dem Gedanken beschäftigt, dass wir noch ein Kind bei uns aufnehmen könnten. Wir wollten einem Kind ein Zuhause geben, das nicht so einen guten Start ins Leben hatte und aus welchen Gründen auch immer nicht in seiner Herkunftsfamilie bleiben konnte.

Der Gedanke reifte, und schließlich nahmen wir Kontakt mit unserem zuständigen Jugendamt auf. Wir dachten zuerst an Adoption, denn eines stand für uns fest: Wenn ein Kind erst einmal in unserer Familie angekommen ist, dann gehört es voll und ganz zu uns und wird nie wieder hergegeben.

Der Mitarbeiter des Jugendamtes verdeutlichte uns schnell, dass an Adoption für uns gar nicht zu denken war. Aber er machte uns auf die Möglichkeit aufmerksam, ein Kind dauerhaft in Pflege zu nehmen. Pflegeeltern wurden vom Amt immer dringend gesucht.

Also füllten wir Formulare aus, reichten Führungszeugnisse ein, ließen uns beim Gesundheitsamt untersuchen, führten Gespräche mit dem Mitarbeiter vom Jugendamt und besuchten ein Seminar für angehende Pflegeeltern.

Dann hieß es warten. Da das aufzunehmende Kind möglichst immer auch das jüngste Kind in einer Familie sein sollte und unsere Tochter ja noch so klein war, lief alles auf die Aufnahme eines Babys hinaus, was uns auch sehr entgegen kam.

Und dann kam ganz plötzlich der Anruf!

Ein kleiner Junge war in Obhut genommen worden. Er befand sich seit einigen Stunden schon im Büro einer Mitarbeiterin des Jugendamtes. Wir wurden gefragt, ob wir den Kleinen sofort aufnehmen könnten. Natürlich konnten wir! Es war, wie es immer ist im Leben, eigentlich eine denkbar ungünstige Konstellation. Klaus sollte am nächsten Tag eine Kur antreten, würde also die ersten 4–6 Wochen nicht zu Hause sein. Aber was sollte es. Da war ein Kind, das uns brauchte, und wir warteten doch schon lange auf diesen Anruf.

Wir freuten uns auf unseren Familienzuwachs, auch wenn wir noch gar nichts Genaues von ihm wussten und die Umstände, warum er ein neues Zuhause brauchte, nicht kannten. Unsere beiden Jungen waren so aufgeregt, dass sie vor die Tür liefen, damit sie auch ja sofort mitbekamen, wenn unser neues Baby gebracht wurde.

Schon zwei Stunden nach dem Anruf kamen zwei Mitarbeiterinnen des Jugendamtes mit einem kleinen Bündel Mensch. Mein Gott, war der klein und so süß! Er strahlte mich an mit großen blauen Augen, kam sofort auf meinen Arm und kuschelte sich an mich. Die beiden Damen waren sichtlich froh, das Kind und damit die Verantwortung in andere Hände übergeben zu können, und verabschiedeten sich recht schnell.

So, nun war Daniel also da, einfach so in unser Leben getreten. Er war 8 Monate alt, ein kleines, zierliches Baby mit blonden Haaren und großen blauen Augen. Es war furchtbar heiß an diesem Tag. Das kleine Bündel Mensch war total verschwitzt und hatte ja wohl auch an diesem Tag schon einiges hinter sich. Er brachte nichts weiter mit, nur seinen Kinderwagen hatten die Damen im Gepäck. Darin fanden sich zwei fertige Fläschchen, eines mit Kakao und eines mit Milch. Beide waren sauer.

Gut, dass meine Tochter auch noch Windeln trug. Die waren zwar für das Minibaby viel zu groß, aber vorerst einmal besser als nichts. Ich wollte also erst einmal das arme Kind aus seiner Windel befreien und frisch machen. Das war aber nicht so einfach, wie ich gedacht hatte. Daniel schrie aus Leibeskräften, als ich mich anschickte, ihn zu wickeln. Jetzt sah ich erst, wie dünn dieses Kind war, Streichholzärmchen und -beinchen. Sein Po war sehr wund, darauf führte ich dann auch das Geschrei beim Wickeln zurück. Ich hatte ja Routine, das Kind war schnell frisch gemacht und hörte auch gleich wieder auf zu weinen.

Es folgten Versuche, ihm etwas zu trinken und auch ein Fläschchen zu geben. Das funktionierte aber nicht. Nun gut, das Kind war sicher gestresst, es war in einer fremden Umgebung bei völlig fremden Menschen. Daniel musste erst einmal zur Ruhe kommen.

Wir packten ihn also in den Kinderwagen, einem ihm vertrauten Ort, und gingen spazieren. Er schlief auch schnell ein. Wir nutzten den Weg, um alles Nötige für ihn zu besorgen, Milchpulver, Windeln und was man eben so alles braucht.

Zu Hause stellte sich dann die Frage, wo unser neues Familienmitglied schlafen sollte. Wir hatten ja keine Vorbereitungszeit gehabt, hatten also kein Kinderbett. Daniel war noch so klein, dass wir entschieden, ihn im Kinderwagenoberteil schlafen zu lassen. Der Kinderwagen unserer Tochter war noch da, und da wir immer recht große Babys hatten, war auch die Liegefläche im Wagen recht groß. Für ein paar Tage würde das schon gehen. Ging es auch, aber noch ganz anders, als ich gedacht hatte. Wann immer ich Daniel zum Schlafen legte, ich fand ihn genauso wieder vor, wie ich ihn hingelegt hatte. Das war für mich eine ganz ungewöhnliche Erfahrung.

In der nächsten Zeit sollte ich noch viele ungewöhnliche und teilweise erschreckende Erfahrungen mit Daniel machen.

Zunächst fuhr Klaus am nächsten Tag zur Kur. Ich war nun alleine mit meinen jetzt vier Kindern. Wichtig war, dass für Daniel die notwendige Ausstattung herangeschafft wurde. Dank netten Bekannten bekam ich fürs Erste ganz schnell ein Reisebettchen. Bekleidung war noch von unserer Tochter vorhanden. Und von einer Bekannten gab es auch noch ein paar nette Jungensachen. Soweit war also alles schnell geregelt.

Daniel war ein süßes Baby, das strahlte, wenn man sich mit ihm befasste. Er fremdelte überhaupt nicht. Und auch wenn dies gerade hilfreich für mich war, wunderte ich mich doch sehr darüber. Daniel wirkte viel jünger, weil er so klein und dünn war, er wog gerade mal 6 kg.

Die erste Zeit war er sehr apathisch, er lag in seinem Bettchen und hat sich nie gemeldet, egal, ob er wach war oder Hunger oder Durst hatte. Er hat sich auch nicht im Bettchen gedreht, er lag immer genau so, wie ich ihn hingelegt hatte. Sein ganzes Verhalten war passiv. Er spielte nicht, griff nicht nach Dingen, die man ihm hinhielt, drehte sich nicht und konnte auch noch nicht frei sitzen. Daniel war zu diesem Zeitpunkt ein sehr schreckhaftes Kind, sogar im Schlaf zuckte er bei Geräuschen zusammen.

Auffällige Verhaltensweisen im Babyalter:
- war apathisch, meldete sich nicht, wenn er wach war oder Hunger hatte
- war passiv, bewegte sich kaum im Bettchen, griff nicht nach Spielzeug
- war extrem schreckhaft, sogar im Schlaf
- hatte Panikattacken beim Wickeln und Baden, war dann kaum zu beruhigen

Daniel konnte noch keine festere Nahrung zu sich nehmen, wie z. B. Brei oder einen Keks. Auch mit dem Fläschchen gab es Probleme. Er hatte nicht genug Kraft zum Saugen. Nach wenigen Schlucken schlief er erschöpft ein. Mit dem normalen Sauger bekam er kaum Milch aus der Flasche, also habe ich einen Breisauger für ihn benutzt. Damit bekam er wenigstens etwas in den Bauch. Da er sich auch nicht meldete, wenn er Hunger hatte, habe ich ihn die erste Zeit ganz einfach nach Zeitplan gefüttert, bei den kleinen Mengen entsprechend häufig. So ging es dann. Er bekam viele kleine Mahlzeiten, immer mit viel Ruhe und Zuwendung.

Später, nach einigen Wochen, schlug sein Verhalten bei Hunger um. Er schien gemerkt zu haben, dass er regelmäßig etwas zu essen bekam. Nun meldete er sich nicht nur, er schrie alles zusammen, bis er endlich das Fläschchen bekam. Auch das hielt einige Zeit an, bis es sich normalisierte. Es blieb aber bei kleinen Mengen.

Eine weitere Überraschung erwartete mich, als ich Daniel zum ersten Mal baden wollte. Er ließ sich ja schon nicht wickeln, was ich auf seinen sehr wunden Po zurückführte. Aber als es ins Badezimmer ging und die Badewanne ins Spiel kam, geriet das kleine Menschlein auf meinem Arm regelrecht in Panik. Er schrie und machte sich ganz steif. Er war nicht zu beruhigen und kaum festzuhalten. Nur gut, dass ich genügend Erfahrung hatte. Ich badete Daniel also im Blitztempo im Waschbecken. Anders ging es nicht. Er beruhigte sich erst, wenn er wieder vollständig angezogen auf meinem Arm war. Es war für uns beide extrem anstrengend.

Diese Angst vor dem Wickeln und dem Baden hielt lange an. Es war so schade, denn gerade beim Wickeln hatte ich mit den anderen Kindern immer viel Spaß gehabt mit Kitzelspielchen usw. Die Drei genossen es immer, dann meine absolut ungeteilte Aufmerksamkeit zu haben. Bei Daniel musste es immer so schnell wie möglich gehen, ohne jedes Tamtam.

Meine anderen drei Kinder waren Wasserratten und badeten oft alle drei zusammen mit viel Spaß. Das machte ich mir zunutze. Ich brachte Daniel in dieser Situation immer wieder mit ins Bad, und nach und nach, erst ganz kurz, dann langsam länger legte ich ihn Ben in den Arm. In der Badewanne! Es dauerte, aber letztlich hatte dieses Vorgehen Erfolg. Die Geschwister gaben ihm die Sicherheit und er verlor seine Angst. Als Kleinkind war er später genauso eine Wasserratte wie die anderen auch.

Daniels körperliche und sprachliche Entwicklung verlief relativ unauffällig, er war ein aktives Kleinkind.

Die körperliche Entwicklung verlief relativ unauffällig, Daniel lernte Krabbeln und später Laufen (mit ca. 14 Monaten). Aus dem apathischen kleinen Bündel wurde ein äußerst aktives Kleinkind, auf das man ständig aufpassen musste. An die sprachliche Entwicklung habe ich keine besondere Erinnerung, außer an ein kurzzeitiges Stottern, was aber später wieder nachließ.

So gab es in der ersten Zeit mit unserem neuen Familienmitglied immer wieder überraschende Verhaltensweisen. Aber dieses Baby hatte es ja sicher nicht leicht gehabt und brachte sein Päckchen mit. Da musste man schon mal mit Schwierigkeiten rechnen.

Gut in Erinnerung geblieben sind mir auch regelrechte Schreiattacken. Daniel schrie scheinbar ohne Grund und war dann durch nichts zu beruhigen. Es half kein Körperkontakt, kein ruhiges Zureden, kein Wiegen, kein Singen, kein Herumtragen, es half einfach nichts. Er schrie, bis er vor Erschöpfung einschlief. Nach einem kurzen Schlaf war er dann wie ausgewechselt und strahlte wieder fröhlich. Später wurden diese Attacken Gott sei Dank weniger, aber als Kleinkind hatte er Zeiten, in denen er völlig grundlos hysterisch lachte und sich gar nicht beruhigen konnte.

Die erste Zeit brachte viel Neues, wie es eben so ist mit einem neuen Familienmitglied. Der Kleine stahl sich schnell in unsere Herzen, die Kinder wuchsen zusammen und die drei Großen liebten ihren neuen kleinen Bruder.

Herkunftsfamilie

Nach und nach erfuhren wir auch etwas mehr über Daniels Mutter und die Hintergründe, warum er nicht bei ihr bleiben konnte. Daniels Mutter war selbst noch ein halbes Kind, gerade mal 17 Jahre alt, bei seiner Geburt war sie noch 16. Wir erfuhren nicht wirklich viel über sie, aber es ließ sich heraushören, dass auch für sie schon nicht alles gut gelaufen war. Zu diesem Zeitpunkt wussten wir noch nicht, dass sie drogenabhängig war und Alkohol getrunken hatte. In meiner Naivität war ich damals bereit, mich auf dieses Mädchen einzulassen, ich wollte ihr und dem Kind die Kontakte miteinander erhalten. Ich dachte, dann haben wir noch ein großes Mädchen, um das wir uns auch ein bisschen kümmern. Ich habe schnell gemerkt, dass das zu einfach gedacht und zu blauäugig von mir war.

Über Daniel wurde uns gesagt, dass er mangelernährt und vernachlässigt war. Die junge Mutter war mit den Anforderungen, die ein Baby an sie stellte, überfordert und konnte seine Bedürfnisse nicht erkennen und adäquat reagieren.

Zu diesem Zeitpunkt wussten wir noch nicht, dass die Mutter drogenabhängig war und Alkohol getrunken hatte.

Sie sollte aber Kontakt mit dem Kind haben. Also gab es regelmäßige Besuchskontakte, zunächst sogar wöchentlich. Es war anfangs noch nicht klar, ob das Kind wieder zu ihr zurückgeführt werden sollte. Von Seiten des Jugendamts war man aber schnell der Überzeugung, dass das keine Option für das Wohl des Kindes war.

Die junge Mutter aber wollte ihr Kind zurück. Als sie volljährig wurde, klagte sie vor Gericht. Dennoch hielt sie die Termine für die Besuchskontakte kaum ein, sagte oft auch nicht einmal vorher ab. Die Besuchskontakte fanden in den Räumen des Jugendamtes in Begleitung des für uns zuständigen Mitarbeiters statt. Ich fuhr also oftmals umsonst mit Daniel los.

Zunächst hatte ich mir die Zusammenarbeit mit der jungen Mutter ja anders vorgestellt und Besuche bei mir zu Hause zugelassen. Das klappte aber gar nicht. Die junge Frau hielt sich nicht an die abgesprochenen Termine. Sie kam, wann sie wollte, und brachte damit den Tagesrhythmus der Kinder durcheinander. Wenn der Kleine dann gerade schlief, wollte sie das nicht akzeptieren. Außerdem brachte sie ungefragt ihre Mutter mit, die dann an allem etwas auszusetzen hatte, sei es die Wohnung, die ihrer Meinung nach nicht kindgerecht war, sei es das Verhalten von Daniel, der kein Interesse an seiner Mutter zeigte, oder mein Umgang mit dem Kind oder auch mein Verhalten ihr und ihrer Tochter gegenüber. Die junge Mutter selbst beschäftigte sich kaum mit Daniel, trank nur Kaffee und erzählte mir von ihrer Woche. Manchmal wurde sie mir gegenüber auch recht patzig, vor allem, wenn ich sie auf Fehlverhalten aufmerksam machte oder wenn sie bei extremer Verspätung ihrerseits dann nach kurzer Zeit wieder gehen musste. Daraufhin habe ich die Kontakte zu Hause nicht mehr zugelassen.

Auch während der Kontakte in Amt kümmerte sie sich nicht um Daniel, nahm ihn nicht auf den Arm oder spielte auch nicht mit ihm. Sie war einfach nur da und ging nach einer Weile wieder. Daniel schien auch kein Interesse an ihr zu haben, er wollte nicht auf ihren Arm, er drehte sich weg und hielt sich an mir fest.

Als ich das junge Mädchen zum ersten Mal sah, konnte ich gar nicht glauben, dass dieses „Kind“ schon Mutter sein sollte. Sie wirkte eher wie ein 13- bis 14-jähriges Mädchen, sowohl körperlich als auch von ihrer geistigen Reife her. Mit meinem Wissen von heute bin ich überzeugt, dass diese junge Frau selbst von FAS betroffen war.

Leider verfügte das Amtsgericht, dass das Kind der jungen Mutter zurückzugeben sei. Das Jugendamt ging zwar sofort in Berufung, aber der Gerichtsbeschluss bestand vorerst einmal, und die Mutter wollte ihr Kind. Wir sollten den Kleinen aber auf keinen Fall herausgeben und bekamen auch eine schriftliche Absicherung vom Amt.

Es war eine unschöne Zeit. Die Mutter und ihre Familie bedrohten uns, ich hatte manchmal Angst, alleine mit den Kindern unterwegs zu sein. Es war ja bekannt, wo wir wohnten. Gott sei Dank ist letztlich nichts passiert, aber das Gefühl der Bedrohung für uns und unsere Kinder war furchtbar.

Mit der Frage nach dem Verbleib des Kindes beschäftigte sich nun das Landgericht. Es wurde ein Gutachten erstellt, in dem es darum ging, welche Beziehung das Kind zu seiner leiblichen Mutter hatte und welche Bindungen Daniel inzwischen schon zu uns aufgebaut hatte. Außerdem wurde die Erziehungsfähigkeit der leiblichen Mutter begutachtet. Auch bei uns zu Hause war eine Gutachterin, um den Kleinen in seiner gewohnten Umgebung zu sehen.

Obwohl die junge Frau unbedingt ihr Kind wiederhaben wollte und mich bezichtigte, ihr das Kind weggenommen zu haben, hielt sie die angebotenen Besuchskontakte nach wie vor nicht ein. Sie hatte immer wieder fadenscheinige Ausreden parat. Auch die Gutachtertermine hat sie wohl nicht eingehalten. In der mündlichen Verhandlung verstrickte sie sich dann noch in Widersprüche und sogar Lügen. All das machte auf den Richter keinen guten Eindruck. Das ganze Verfahren zog sich über einen langen Zeitraum hin, Daniel war nun schon fast ein Jahr bei uns. Wir konnten uns gar nicht mehr vorstellen, ihn wieder hergeben zu müssen. Vor allem deswegen nicht, weil wir ja sahen, dass es ihm dann nicht gut gehen würde. Vor den Kindern versuchten wir unsere Anspannung so gut es ging zu verbergen, sie sollten nicht belastet werden. Und dann endlich traf das Gericht eine Entscheidung. Daniel durfte bei uns bleiben, uns fiel ein Stein vom Herzen.

Ich musste mit Daniel zu einem erneuten Besuchskontakt ins Amt. Ich kannte die Entscheidung des Gerichts noch nicht, wusste nicht einmal, dass es eine Entscheidung gab. Daniels Mutter war schon da und hatte wieder einmal ihre Mutter mitgebracht. Ich hörte schon vor der Tür, dass im Raum jemand lautstark seine Meinung vertrat. Es polterte, die Tür flog auf, die junge Frau und ihre Mutter stürmten heraus, ließen mir gegenüber noch eine unflätige Bemerkung fallen und entschwanden. Ich war verwirrt und wusste nicht, was passiert war. Der Mitarbeiter des Jugendamtes klärte mich auf, dass das Gericht entschieden hatte, dass Daniel nicht zu seiner Mutter zurückdurfte. Der Kleine blieb nun dauerhaft bei uns. Ob dieser Entscheidung war die Mutter so wütend und hat ihren Zorn auch nicht zurückgehalten. Auch wenn sie mir in diesem Moment leidtat, so war ich doch froh für unseren Kleinen. Immerhin hatte ich im Laufe des Prozesses immer mehr über die Lebensumstände der jungen Frau erfahren, auch von ihrer Drogenabhängigkeit und dem Alkoholkonsum.

Es sollte weiterhin Besuchskontakte geben, aber nur noch einmal monatlich. Nach den Erfahrungen mit den bisherigen Kontakten ging man im Amt davon aus, dass die Mutter die angebotenen Kontakte auch zukünftig oft nicht wahrnehmen würde. So war es dann auch. Es gab noch den ein oder anderen Kontakt, dann meldete sich die Mutter nicht mehr. Sie hatte inzwischen wieder ein Kind bekommen. Daniel hat seitdem nie wieder etwas von seiner leiblichen Mutter gehört, er war damals zwei Jahre alt.

Auch den leiblichen Vater von Daniel haben wir irgendwann kennengelernt, aber zu ihm gab es keine großen Kontakte. Da nun feststand, dass die Mutter das Kind nicht wiederbekam, versuchte sie es mit Hilfe des Vaters. Die beiden heirateten. Damit fiel dem Vater automatisch das Sorgerecht für das Kind zu. Auf diese Weise hofften sie, den Kleinen in ihren gemeinsamen Haushalt holen zu können. Der Vater war bereits im Gefängnis gewesen, hatte keine Arbeit und auch die allgemeine Konstellation bot dem Kind keine günstigen Voraussetzungen. Zwischen den beiden Eheleuten gab es ständig Auseinandersetzungen, wohl auch körperlicher Art. Außerdem war Daniel nun schon so lange in unserer Familie, dass es eine ernsthafte Kindeswohlgefährdung dargestellt hätte, ihn aus unserer Familie herauszunehmen. Das alles machte das Jugendamt dem Vater schnell und unmissverständlich klar. Und somit wurde aus der Idee der leiblichen Eltern nichts. Die Ehe hielt dann auch nur 3 Monate. Für Daniel gab es dennoch eine Konsequenz. Bis dahin trug er den Nachnamen seiner leiblichen Mutter. Nach der Eheschließung bekam er nun auf Antrag der Eheleute den Nachnamen seines Vaters. Solange Daniel noch klein war, war das für ihn nicht wichtig. Er benutzte ganz selbstverständlich unseren Nachnamen, wenn er danach gefragt wurde, und auch im Kindergarten wurde nur dieser Name benutzt, auch wenn in den offiziellen Unterlagen natürlich sein amtlicher Name stand. Aber Daniel merkte dann irgendwann sehr wohl, dass er einen anderen Namen hatte. Das erste Mal fiel es ihm bei einem kleinen vereinsinternen Schwimmwettkampf auf. Alle Kinder bekamen eine Urkunde mit ihrem Namen. Daniel fühlte sich nicht angesprochen und wollte diese Urkunde nicht haben, weil er das ja nicht war. Er war richtig wütend und weinte. Das Problem wurde schnell gelöst, er bekam eine neue Urkunde mit unserem Nachnamen und damit war für ihn die Welt wieder in Ordnung.

Wir aber haben uns Gedanken darüber gemacht, wie es werden würde, wenn er in die Schule kommt. Johanna wäre dann auch noch an dieser Schule, und die beiden Geschwister würden verschiedene Namen tragen. Das wäre wohl nicht gut für Daniel. Wir erkundigten uns und sprachen mit dem Jugendamt. Es gab eine Möglichkeit. Da wir inzwischen auch die Vormundschaft für Daniel hatten, konnten wir einen Antrag auf Namensänderung stellen, der allerdings gut begründet sein musste. Naja, das sollte doch wohl kein Problem sein, er hatte als einziges Familienmitglied einen anderen Familiennamen, würde damit immer und überall als nicht dazugehörig auffallen. Patchworkfamilien, wie sie heute oft vorkommen, gab es damals noch nicht so häufig. Das Jugendamt gab seinerseits eine positive Stellungnahme ab. Wir mussten mit Daniel zum Familiengericht, wo er selbst befragt wurde, wie er in Zukunft heißen wollte. Für ihn war alles so selbstverständlich, er ließ keinen Zweifel daran, dass er das so wollte. Der bürokratische Aufwand dauerte eine Zeit, aber dann durfte unser Sohn unseren Familiennamen tragen.

Leider war es uns nicht möglich, für Daniel Fotos von seinen leiblichen Eltern zu bekommen. Einzig ein paar recht unscharfe Babyfotos bekamen wir nach vielen Bitten, die wir bis heute für ihn hüten wie einen Schatz. Dadurch hat Daniel so gar keine Erinnerung an seine Familie, er weiß nur das, was wir ihm erzählen konnten. Und das war nicht gerade viel. Daniels leiblicher Vater verstarb, als Daniel ungefähr 10 Jahre alt war. Wir haben mit Daniel darüber gesprochen, aber er konnte das so gar nicht einordnen. Er fragte mich, ob er nun traurig sein müsste.

Die erste Zeit mit Daniel war für uns leider auch geprägt durch diese ganzen Vorgänge um seinen Verbleib, durch den Umgang mit seiner leiblichen Mutter, der nicht immer positiv war, durch Angriffe und Verletzungen seitens der leiblichen Mutter und sogar durch Angst vor Übergriffen. Außerdem durch Kontakte mit Gutachtern und Gericht. All das machte uns sehr zu schaffen und griff sicher auch in unser Familienleben ein, wenngleich wir versuchten, an die Kinder nichts herankommen zu lassen.

Kleinkind

Unser Familienleben war bunt. Wir hatten ein Schulkind, ein Kindergartenkind und die beiden Kleinen. Die Kinder waren eine lustige und anstrengende Geschwisterschar. Zwischen Ben und Daniel entwickelte sich eine ganz besondere Beziehung, Ben war ganz der große Bruder und sehr fürsorglich, und Daniel himmelte ihn an.

Alle Kinder entwickelten sich gut, auch unser Kleiner. Aber er war von Anfang an etwas anders als die anderen. Naja, er hatte ja auch einiges hinter sich, hatte keinen so guten Start ins Leben. Er aß immer noch schlecht, und er blieb trotz guter Pflege spindeldürr. Etwas verspätet fing er an zu krabbeln und zu laufen, die Sprachentwicklung brauchte etwas länger. Er schlief nicht gut und war oft unruhig. Er war ein fröhliches, freundliches Kerlchen, konnte aber auch heftige Wutausbrüche haben. Er hörte nicht auf das, was man ihm sagte. Ein „Nein“ galt für ihn, wenn überhaupt, dann nur kurzfristig. Alles in allem entwickelte er sich aber positiv, und es gab keinen Anlass zur Sorge. Es dauerte eben nur etwas länger bei ihm. „Mit viel Liebe wird das schon. Sie haben doch Erfahrung, Sie machen das schon.“, sagte unser Jugendamtsmitarbeiter. Und genau das hatte ich auch vor. Die Schwierigkeiten, die sich bisher ergaben, schrieb ich dem Umstand Pflegekind zu. Er brauchte sicher nur etwas mehr Zeit.

Daniel war immer für kleine Überraschungen gut. Wir waren einmal auf einer Familienfreizeit in einer Jugendherberge. Daniel war noch klein, noch keine zwei Jahre alt. Mittags legte ich ihn ins Reisebettchen zum Schlafen und sah ca. jede Viertelstunde nach ihm. Er schlief wie ein Engelchen. Doch beim nächsten Nachschauen fand ich ihn nicht mehr in seinem Bettchen vor. Der Kleine war irgendwie aus dem Bett geklettert und auf den Tisch gelangt. Dort hatte ich seine Wickelutensilien liegen. Er hat die Cremedose gefunden, es geschafft, sie zu öffnen, und sich von oben bis unten dick mit Creme eingeschmiert. Als ich ins Zimmer kam, strahlte er mich fröhlich lachend und stolz auf sein Werk an. Ich konnte gar nicht anders, ich musste auch laut lachen. Ich weiß bis heute nicht, wie der Zwerg es geschafft hat, aus diesem Bettchen herauszukommen. Wenn er stand, konnte er mal gerade über den Rand lugen. Er muss eine unheimliche Kraftanstrengung unternommen haben, um das zu bewerkstelligen.

Daniel hatte keinerlei Bewusstsein für Gefahren, dementsprechend kannte er auch keine Angst. Er kletterte waghalsig überall hinauf, egal ob auf die Wickelkommode oder auf die Spielzeugregale, sogar vom Kleiderschrank musste ich ihn retten. Auch auf dem Spielplatz musste ich ihn ständig im Blick haben.

Probleme im Kleinkindalter:
- hatte Schlafprobleme
- zeigte heftige Wutausbrüche
- hatte Probleme damit, Anweisungen/ Verbote einzuhalten
- fehlte ein Gefahrenbewusstsein, er war waghalsig und zeigte keine Angst
- hatte einen ausgeprägten Bewegungs- und Freiheitsdrang
- geriet im Dunkeln in Panik, konnte keine verschlossenen Türen ertragen

Einmal verlegten wir gerade neuen Teppichboden. Daniel durfte mit den Teppichresten spielen. Was sollte dabei schon passieren? Aber mein Kleiner hatte immer schon eine lebhafte Fantasie. Als ich in sein Zimmer kam, um nach ihm zu schauen, habe ich fast einen Herzinfarkt bekommen. Mein Kind hatte ein größeres Teppichstück genommen, war auf die Fensterbank geklettert und hatte irgendwie das Fenster geöffnet. Das Teppichstück lag nun halb innen, halb außen auf der Fensterbank und mein Kleiner saß stolz darauf, die Beine schon draußen. Der Po war zum Glück innen auf der Fensterbank, somit auch der Schwerpunkt innen. Ich habe ihn ganz vorsichtig von hinten festgehalten und gerettet. Für sein junges Alter war das Ganze eigentlich sogar eine logistische Meisterleistung, aber so gar nicht zu meiner Freude. Er mochte die Geschichte von Aladin damals sehr gerne und wollte ausprobieren, ob sein Teppich fliegen kann. Fortan waren die Fenster durch das Zusammenbinden der Fenstergriffe zusätzlich gegen Öffnen gesichert, bis Daniel alt genug war, um zu verstehen, dass man nicht auf die Fensterbank klettern darf.

So wenig Angst er beim Spielen oder Klettern kannte, etwas gab es doch, was ihm große Angst machte. Auch das ist uns nur zufällig aufgefallen. Daniel war noch klein. Er musste unbemerkt in die Abstellkammer gelangt sein. Ben bemerkte die offene Tür und schloss sie. Daniels Reaktion war unglaublich. Er geriet total in Panik, war aber auch nicht fähig, einfach die Tür wieder zu öffnen; sie war ja nicht verschlossen. Es ging gar nichts mehr. Ben befreite ihn natürlich sofort, nahm ihn auf den Arm und brachte ihn zu mir. Daniel brauchte sehr lange, um sich zu beruhigen, und auch Ben war sehr verstört, er hatte nichts Böses gewollt. Daniel konnte keine verschlossenen Türen ertragen, schon gar nicht in Dunkelheit. Das hatten wir nun gelernt, so etwas kam nie wieder vor.

Die Zeit flog nur so dahin. Die Urlaube verbrachten wir immer auf einem Campingplatz. Wir hatten uns dort ein feststehendes Mobilheim gekauft und verbrachten viele Wochenenden und mehrere Wochen im Sommer dort. Die Kinder konnten sich austoben, und ich sagte immer, dass sie nach 6 Wochen Sommerferien dort „verwildert“ waren. Das aber ganz im positiven Sinn.

Unser Kleiner fühlte sich dort sehr wohl. Aber auch hier gab es Probleme damit, dass er Anweisungen einfach nicht befolgte. Ich musste ihn ständig im Blick haben, sonst verschwand er von der Parzelle und war so schnell nicht mehr aufzufinden. Er ging auch mit jedem mit. Wenn ich alleine mit den Kindern dort war, musste ich sogar auf Hilfsmaßnahmen zurückgreifen, die ich mir zuvor nie hatte vorstellen können, wie z. B. die Nutzung eines Laufstalls oder sonstige Einschränkungen der Bewegungsfreiheit, damit ich wenigstens mal duschen oder zur Toilette gehen konnte. Meistens reichte es aber aus, dass auch die Großen da waren, dann lief er nicht weg.

Unsere Tochter war inzwischen auch in den Kindergarten gekommen. Jeden Morgen brachten wir sie hin und jeden Mittag holten wir sie wieder ab. Daniel machte auf jedem Weg ein Riesenspektakel. Entweder packte ich ihn in den Kinderwagen, obwohl er eigentlich gut genug laufen konnte, oder ich musste ihn die ganze Zeit an der Hand halten. Anders war nicht zu gewährleisten, dass Daniel nicht plötzlich auf die Straße lief oder sonst einen Unsinn anstellte. Beides aber gefiel ihm gar nicht, was er mit lautem Geschrei kundtat. Und das jeden Morgen und jeden Mittag. Die Leute kannten uns schon. Wer weiß, was die von mir gedacht haben. Hatte ich ihn an der Hand, schrie und tobte er und versuchte sich loszureißen. Da ihm das nicht gelang, schlug er nach mir oder versuchte, mir in die Hand zu beißen, manchmal mit Erfolg. Jeden Tag aufs Neue, nichts konnte das ändern, keine Erklärung, kein Schimpfen, kein gut Zureden, nichts. Wir mussten es einfach alle ertragen, und es hielt eine lange Zeit an.

Solche Situationen, nicht ganz so extrem, gab es öfter. Daniel hörte einfach nicht, oder er ließ Unerwünschtes ein Mal sein, drehte sich aber gleich wieder um und machte dasselbe wieder, obwohl ich es ihm doch gerade erst erklärt hatte. Oder er packte auf die heiße Herdplatte. Nicht einmal oder vielleicht zweimal, nein, immer wieder. Da also Erklärungen bei ihm nicht fruchteten und schlechte Erfahrungen scheinbar auch nicht, änderte ich automatisch meinen Erziehungsstil bei ihm. Es wurde nicht mehr viel diskutiert, sondern einfach „nein" gesagt. Das schien effektiver zu sein. Nach außen setzte ich mich damit aber der Kritik von anderen Müttern aus, die nicht verstanden, warum ich mit Daniel strenger umging als mit den anderen.

Kindergarten

Auch Daniel kam dann in den Kindergarten. Er war in derselben Gruppe wie Johanna, das half ihm, sich schnell einzugewöhnen. Der Kindergarten und die Erzieherinnen waren ihm ja längst vertraut. Für Daniel war es schwer im Kindergarten. Er war ein Wirbelwind, der nur Unsinn im Kopf hatte und kaum zu bändigen war. Er war so zappelig und konnte nicht stillsitzen oder sich länger mit einer Sache beschäftigen. Es gab auch oft Streit mit anderen Kindern, weil er die Spielregeln des Miteinanders nicht einhalten konnte. Er lernte nicht wie die anderen, mit Malstiften und Schere umzugehen. Er konnte nicht stillsitzen, wenn Bilderbücher angeschaut wurden, und im Stuhlkreis war er auch meistens sehr unruhig. Auch Puzzlespiele bekam er nicht zusammen. Die Erzieherinnen begannen irgendwann, sich zu beschweren, weil Daniel sich so gar nicht einfügte. Aber ich konnte ja auch nichts daran ändern, er war halt, wie er war.

Probleme im Kindergarten:

- konnte nicht stillsitzen, war zappelig
- es fiel ihm schwer, sich längere Zeit mit einer Sache zu beschäftigen
- hatte Probleme, mit Malstift und Schere umzugehen
- hielt Spielregeln nicht ein, geriet deswegen in Streit mit anderen Kindern
- fand keine Freunde, wurde zum Außenseiter

Ein Ereignis ist mir im Gedächtnis geblieben, weil es lustig, aber eben doch auch so typisch für Daniel war: Der Kindergarten verfügte im Außengelände über eine gern und viel genutzte Matschbahn. An diesem Tag war das Wetter nicht wirklich gut und so konnten die Kinder zwar das Außengelände nutzen, sollten aber nicht in das Matschgelände, weil es zu kalt war. Daniel musste natürlich trotzdem zur Matschbahn und dreckte sich so ein, dass er total durchnässt war und die Gummistiefel auch von innen nass waren. Er wurde komplett umgezogen, noch einmal ermahnt, das nicht wieder zu tun, danach durfte er zurück zu den anderen Kindern. Kurze Zeit später war er erneut pitschenass und voller Matsche. Wieder wurde er umgezogen. Diesmal sagte die Erzieherin ihm, dass keine Sachen zum Umziehen mehr für ihn da wären. Wenn er noch einmal alles nass machte, dann müsse er drin sitzen bleiben. Dann durfte er wieder zu den anderen. Man glaubt es kaum, kurz darauf war er schon wieder an der Matschbahn, aber diesmal splitternackt. Er durfte doch die Sachen nicht mehr nass machen. Das war Daniels Logik und seine Art, die Dinge umzusetzen. Er verstand auch gar nicht, warum er schon wieder ausgeschimpft wurde, er hatte doch die Sachen nicht nass gemacht.

Eine andere Geschichte aus der Kindergartenzeit: Ich wechselte mich oft mit meiner Nachbarin, die ebenfalls ein Kind in der gleichen Kindergartengruppe hatte, ab, um die Kinder wegzubringen oder abzuholen. An diesem Tag sollte meine Nachbarin die beiden Jungen abholen. Daniel kam auch bei mir an, für mich ganz normal. Aber kurz nachdem er schon da war, klingelte das Telefon. Die völlig aufgelöste Erzieherin berichtete mir, dass sie Daniel nicht finden könne, er sei einfach weg. Ich war irritiert. Wieso? Er war doch schon hier, meine Nachbarin hatte ihn doch mitgebracht. Nein, nein, die Nachbarin wäre ja noch im Kindergarten und suche ebenfalls nach meinem Sohn. Später, nachdem sich die Aufregung gelegt hatte, konnten wir den Hergang nachvollziehen. Der Nachbarsjunge und Daniel hatten wohl unmittelbar vor Kindergartenschluss gestritten. Der Nachbarsjunge sagte Daniel daraufhin, dass er nicht mit ihm und seiner Mutter nach Hause gehen dürfe, weil er das nicht wollte. Während also die Kinder abgeholt wurden und meine Nachbarin, die ja von nichts wusste, noch damit beschäftigt war, den Kindern nacheinander die Schuhe anzuziehen, machte sich mein Sohn, der zuerst fertig war, ganz alleine auf den Weg nach Hause. Offensichtlich hat er alle Hürden – große Straße mit Ampel, mehrere kleinere Straßen – genommen und ist schnell zu Hause angekommen. Er hatte eben die Aussage des Nachbarskindes wörtlich genommen und seine eigene Lösung gesucht und gefunden. Gefahrenbewusstsein oder Angst war ihm ja unbekannt.

Daniel war anders, er fand im Kindergarten keine Freunde, die anderen Kinder wollten nicht mit ihm spielen. Er wurde nicht zu Kindergeburtstagen eingeladen, er war ein kleiner Außenseiter. Er selbst schien das gar nicht so zu empfinden. Für ihn war jeder sein Freund, der gerade nett zu ihm war. Auf dem Campingplatz brachte er oft völlig fremde Kinder mit und stellte sie als seine besten Freunde vor. Die Namen der Kinder kannte er aber nicht, er hatte sie ja gerade erst auf dem Spielplatz kennengelernt.

Als er etwas älter wurde und auch in unserer Straße draußen spielen durfte, war es unter den Nachbarskindern genauso. Wenn sie Daniel mitspielen ließen, dann meist, um sich über ihn lustig zu machen oder weil er gerade ein interessantes Spielzeug dabeihatte. Passierte irgendetwas draußen, so hieß es immer gleich: Das war der Daniel.

Einmal habe ich die Kinder unter meinem offenen Küchenfenster gehört. Sie hatten wohl mal wieder gemeinsam Unsinn gemacht und brauchten nun einen Sündenbock. Ich hörte, wie sie beredeten, dass sie nun Daniel zum Spielen rausholen wollten, damit sie nachher ihn als Schuldigen präsentieren konnten. Unglaublich dreist! Natürlich ließ ich Daniel an diesem Tag gar nicht mehr aus dem Haus. Ich ging lieber mit meinen Kindern auf den Spielplatz. Das gefiel uns ohnehin besser, und dort trafen wir uns oft mit einigen befreundeten Müttern und Kindern.

Später, er war da schon in der Schule, gab es noch einmal eine ganz heftige Situation in dieser Art. Ein älterer Herr aus der Nachbarschaft klingelte bei uns und behauptete, Daniel hätte sein Auto beschädigt. Die anderen Kinder hätten das gesehen und ihm bestätigt, dass das unser Daniel gewesen wäre. Nun, man kann nichts ausschließen, also haben wir zunächst einmal gesagt, dass wir den Schaden dann unserer Versicherung melden müssten, und eine genaue Schadensschilderung mit möglichst genauer Zeitangabe usw. eingefordert. Dabei stellte sich aber heraus, dass der Geschädigte eine Zeitspanne für den Schadenseintritt angab, in der Daniel gar nicht draußen gespielt haben konnte. Genau an diesem Nachmittag war ich nämlich mit ihm beim Arzt. Also haben wir die Regulierung des Schadens abgelehnt. Der Mann wollte natürlich seinen Schaden ersetzt haben und machte uns noch viel Ärger. Er erstattete sogar eine Anzeige. Aber in diesem Fall war ja eindeutig beweisbar, dass Daniel es nicht gewesen sein konnte, auch wenn mehrere Kinder an der Behauptung festhielten, dass sie ihn genau gesehen hätten, als er das Auto beschädigt hat.

Daniel wurde älter, und dementsprechend war er auch immer wieder alleine zum Spielen vor der Tür. Das gehört ja auch irgendwo zur normalen Entwicklung dazu. Aber es klappte nicht nur mit den anderen Kindern nicht – Streit war an der Tagesordnung –, auch mit meinen Anweisungen gab es Probleme. Er sollte z. B. in Rufweite bleiben oder sich nicht von unserer Straße entfernen, damit nichts passiert. Aber ein anderes Kind brauchte nur zu sagen, er soll mitkommen, und schon war er weg. Ich habe ihn so oft abends suchen müssen.

Alle gängigen Methoden, die bei unseren anderen Kindern wunderbar funktioniert hatten, versagten bei Daniel. Im Herbst und Winter sagte ich ihm z. B., dass er nach Hause kommen müsse, wenn die Laternen angingen. Er merkte es nicht, wenn die Laternen schon lange an waren. Ich versuchte es auf eine andere Weise, indem ich ihm eine einfache Uhr mit Weckfunktion mitgab. Er überhörte den Wecker oder wusste nicht mehr, warum die Uhr nun klingelte. Wir holten ein Funkgerät, das wir ihm mit nach draußen gaben. Er hatte anfangs zwar Spaß daran, dass er nun mit mir reden konnte, wenn er etwas fragen wollte. Aber aufgrund der engen Bebauung funktionierte das nur in einem so eingeschränkten Umfeld, dass es für unsere Zwecke nutzlos war.

Also lief es immer wieder auf dasselbe hinaus: Daniel musste meistens abends gesucht werden. Um ihm klarzumachen, dass es so nicht ging, musste er jedes Mal, wenn ich ihn abends hatte suchen müssen, am nächsten Tag im Haus bleiben. Eigentlich war das eher eine Strafe für mich, denn ich musste ihn dann beschäftigen. Dieses Muster zog sich über einen langen Zeitraum hin, einen Tag zum Spielen draußen, am nächsten Tag wieder nicht. Es ging einfach nicht in seinen Kopf.

Daniel konnte nie unterscheiden, wer es gut mit ihm meinte und wer nicht. Er konnte nicht vorhersehen, was seine Handlungen auslösten und welche Konsequenzen sie haben könnten.

Diese Verleitbarkeit blieb Daniel bis heute erhalten. Er konnte nie unterscheiden, wer es gut mit ihm meinte und wer nicht. Er konnte nicht vorhersehen, was seine Handlungen auslösten und welche Konsequenzen sie haben könnten. Er machte einfach mit und freute sich, wenn er mal dabei sein durfte.

Als er ungefähr 10 Jahre alt war, gab es erneut eine gefährliche Situation. Es war Winter, richtig kalt mit Eis und Schnee. Daniel war draußen zum Spielen. Wieder hielt er sich nicht daran, in der Nähe zu bleiben. Er ließ sich von einem anderen Kind verleiten, mit ihm in den nahegelegenen Schlosspark zu gehen. Dort gab es zugefrorene Teiche. Und wie sollte es anders sein: Daniel ließ sich dazu überreden, auf das Eis zu gehen, und ist prompt auch eingebrochen. Irgendwie hatte dieser Junge immer einen guten Schutzengel! Ein Passant sprang ins eisige Wasser und holte ihn heraus. Daniel kam mit Unterkühlung ins Krankenhaus, aber er hatte Gott sei Dank keinen weiteren Schaden davongetragen. Ich konnte ihn wenige Stunden später schon wieder mit nach Hause nehmen.

Freizeit/Sport

Die Freizeitgestaltung war bei Daniel etwas schwierig, da er ja ständig unter Kontrolle sein musste. Meistens versuchten wir deshalb, die Freizeit anders und gemeinsam und organisiert zu nutzen. Er war schon früh in Sportvereinen. Damit konnte dieses Problem entzerrt werden.

Da wir viel auf dem Campingplatz waren, der an einem Fluss lag, brachte ich die beiden Kleinen recht früh in einen Schwimmverein. Johanna lernte ziemlich schnell schwimmen. Bei Daniel dauerte es etwas länger, aber auch er hat es dank eines geduldigen Trainers gelernt. Im Schwimmverein hatte Daniel die üblichen Probleme, sich an die Regeln zu halten. Er kannte keine Angst und sprang einfach so ins Wasser. Aber er war klein und süß und niedlich, der Trainer mochte ihn und verstand es, mit ihm umzugehen. Ich sehe ihn heute noch vor mir, wie er zitternd und leicht blau angelaufen in der total überhitzten Schwimmhalle herumlief. Er hatte einfach kein Fettgewebe und daher fror er viel schneller als andere Kinder. Aber wenn man ihn fragte, war ihm nie kalt. Meine beiden Mäuse hatten viel Spaß dort. Leider mussten sie irgendwann die Gruppe wechseln, weil sie für die „Kleinen" zu alt wurden und inzwischen ganz gut schwimmen konnten. Das Training war nun nicht mehr spielerisch, sondern schon eher leistungsorientiert. Das machte meinen beiden keinen Spaß mehr, und so beendeten wir dies. Das Ziel war ja erreicht, beide konnten schwimmen.

Selbst unser sonst so wibbeliger und unruhiger kleiner Daniel konnte stundenlang mit seiner Angel am Fluss sitzen. Das schien ihm richtig gut zu tun.

Damit musste ich auf dem Campingplatz nicht mehr so viel Angst haben, dass sie zu nah ans Wasser gingen. Alle vier Kinder hatten dort das Angeln für sich entdeckt. Also bekamen sie eine Ausrüstung und fanden sich oft am Fluss ein mit ihren Angeln. Selbst unser sonst so wibbeliger und unruhiger kleiner Daniel konnte stundenlang mit seiner Angel am Fluss sitzen. Das schien ihm richtig gut zu tun. Da er so süß war und ohnehin jeder jeden auf dem Platz kannte, war er auch bei den erwachsenen Anglern bekannt, und sie hatten auch mal ein Auge auf ihn, halfen ihm mit den Ködern oder wenn die Angelschnur verheddert war. Überhaupt hatten wir alle auf dem Campingplatz eine recht entspannte Zeit. Die Kinder tobten den ganzen Tag draußen herum, jeder kannte jeden und man achtete auch gegenseitig auf die anderen Kinder.

Zu Hause war das leider ganz anders, wie bereits beschrieben. Ben war schon einige Zeit in einem Leichtathletikverein. Da wir ihn zu Wettkämpfen und Veranstaltungen mit der ganzen Familie begleiteten, ergab es sich fast automatisch, dass auch die anderen mit der Leichtathletik anfingen. Nun fuhr ich dreimal in der Woche mit meinen beiden Kleinen zum Training auf den Sportplatz quer durch die Stadt mit öffentlichen Verkehrsmitteln (ich habe keinen Führerschein), Sommer wie Winter. Die Kinder trainierten immer draußen. An den Wochenenden nahmen alle vier Kinder an Wettkämpfen teil. Hauptsächlich waren unsere Kinder Läufer. Sie liefen alle Langstrecken, je nach Alter zwischen 400 m und 10 km. Unsere Kleinen fingen mit den sogenannten Bambiniläufen an, Strecken zwischen 400 m und 800 m für Kinder unter 6 Jahren. Diese Laufveranstaltungen fanden nicht im Stadion statt, es handelte sich um Straßen- oder Waldläufe. Wir waren also viel unterwegs, trafen dort immer dieselben Leute. Die Kinder hatten Spaß und Bewegung an der frischen Luft, und Langeweile kam gar nicht erst auf. Unser kleines Energiebündel Daniel hatte hier viele Erfolgserlebnisse. Er konnte sich die lange Laufstrecke zwar nicht taktisch einteilen, was seinen Trainer manchmal verzweifeln ließ, aber er hatte so viel Energie, dass er einfach durchlaufen konnte. Er hat viele Platzierungen erreicht und stand auch oft auf dem Siegertreppchen. Pokale, Medaillen und Urkunden aus dieser Zeit zeugen davon. Natürlich hatte Daniel auch in diesem Verein Probleme mit Regeln und Disziplin, aber irgendwie ging es schon.

Daniel hatte kein normales Schmerzempfinden. Alles, was er an Ungemach nicht selbst sehen konnte, merkte er gar nicht.

Schwierig war es bei Verletzungen, die ja bei allen Kindern immer mal wieder vorkommen. Daniel hatte kein normales Schmerzempfinden. Alles, was er an Ungemach nicht selbst sehen konnte, merkte er gar nicht, z. B. Bienen- oder Wespenstiche im Gesicht oder auch durchaus ernste Kratzer oder Abschürfungen im Rückenbereich. Floss aber auch nur ein Tropfen Blut, war das Geschrei riesengroß, auch wenn gar nicht viel passiert war. Er lernte durch Abgucken bei seinen Geschwistern, dass es hilfreich war zu weinen, wenn man hingefallen war. Dann kam Mama und tröstete, das war angenehm. Er weinte aber nicht, weil er Schmerzen hatte. So merkte ich auch erst nach ein paar Tagen, dass er sich die Schulter gebrochen hatte. Er fühlte und äußerte keinen Schmerz, setzte jeden Morgen seinen Schultornister auf und ging in die Schule. Erst als er automatisch eine Schonhaltung einnahm, fiel es mir auf.

Im Alter von ungefähr 11 Jahren hatte Daniel einen Unfall. Er war einfach auf die Straße gelaufen, ohne auf das herannahende Auto zu achten, und wurde angefahren. Sein Fuß sah wirklich böse aus. Das Ganze geschah in unserer Straße und Nachbarn kümmerten sich sofort um das Kind. Ich war auch ganz schnell vor Ort. Daniel hatte bereits mehrfach versucht, aufzustehen und nach Hause zu gehen. Er verstand nicht, dass er auf keinen Fall aufstehen durfte. Er wurde in den Rettungswagen verfrachtet und mit Blaulicht ins Krankenhaus gebracht – dies war auch meine erste Fahrt mit Blaulicht. Dort begutachteten die Ärzte seine Verletzungen, die sich Gott sei Dank auf den total lädierten Fuß beziehungsweise Unterschenkel beschränkten: ein verschobener Bruch, der sofort operiert werden musste, weil sonst die Durchblutung des Fußes gefährdet war. Daniel ließ die Untersuchung ohne Angst und ohne Jammern über sich ergehen. Erst als die Schwester mit einer Schere kam und die Hose aufschneiden wollte, fing er an zu weinen und zu schreien. Der Arzt kam zurück, um zu sehen, was los war. Daniel wollte nicht zulassen, dass seine gute Torwarthose kaputt gemacht wurde. Das war für ihn weit schlimmer als die Verletzung, er wollte immer noch aufstehen und nach Hause gehen. Der Arzt hatte schnell eine Lösung. Er veranlasste, dass Daniel mit Hose in den OP kam und die Hose erst unter Narkose ausgezogen wurde. Das war wieder ganz typisch für Daniel: Die recht böse Verletzung interessierte ihn gar nicht, aber seine Hose war ihm wichtig.

Es wurde so gemacht, die OP dauerte einige Zeit, ich blieb über Nacht bei Daniel im Krankenhaus. Daniel musste noch einige Wochen im Krankenhaus bleiben, eine Herausforderung für das gesamte Pflegepersonal. Auch danach musste er noch sehr lange einen Gips tragen, durfte den Fuß nicht belasten. Das war eine Katastrophe für dieses lebhafte Kind mit seinem enormen Bewegungsdrang. Letztlich ist aber alles folgenlos ausgeheilt.

Auf der anderen Seite reagierte er aber manchmal auf ganz leichte oder auch versehentliche Berührungen überempfindlich, behauptete dann sogar, man hätte ihn geschlagen oder ihm wehgetan. Etiketten in der Kleidung machten ihm ebenfalls manchmal zu schaffen und mussten herausgetrennt werden.

Schule (1)

Auch für Daniel kam die Zeit, dass er in die Schule musste. Ich hatte arge Bauchschmerzen bei dem Gedanken. Schon während der Kindergartenzeit verstärkte sich bei uns das Gefühl, dass irgendetwas mit diesem Kind nicht stimmte. Er hatte so viele Probleme, eckte dauernd überall an, fand keine wirklichen Freunde, lernte manches nur sehr schwer, anderes gar nicht. Und er war noch so kindlich, gar nicht reif für die Schule. Aber er hatte jetzt das Alter, also musste er in die Schule.

Mit fast 7 Jahren wurde Daniel in die Grundschule eingeschult – trotz großer Bedenken meinerseits. Ich hielt Daniel einfach noch nicht für schulreif. Bei der Schulanmeldung musste er wie alle Kinder Bilder malen: Haus, Baum, Mensch und Tier. Er konnte es nicht, er malte nur Gekritzel, doch das störte keinen. Es kamen Sprüche wie: „Ach, das kommt schon noch, warten Sie doch mal ab" oder: „Ach ja, die Mütter haben immer viel zu viel Angst um ihre Kinder" usw. Bei der Schuluntersuchung im Gesundheitsamt dann dasselbe. Daniel musste wieder malen, wieder nur Gekritzel. Er sollte Muster nachlegen und Linien nachziehen. Er konnte nichts davon. Meine Bedenken wurden auch hier mit ähnlichen Sprüchen vom Tisch gewischt und Daniel wurde für schulreif erklärt.

Es kam, wie es kommen musste. Daniel war absolut nicht in der Lage, dem Unterricht zu folgen. Er konnte nicht stillsitzen und er konnte sich nicht konzentrieren. Er störte den Unterricht und verbrachte mehr Zeit vor der Tür als im Klassenraum. Von seiner Feinmotorik her war er gar nicht in der Lage, Buchstaben oder Zahlen zu schreiben. Alles kippelte irgendwie durcheinander, Reihen wurden nicht eingehalten. Daniel ging nicht gerne zur Schule, es ging ihm dort nicht gut. Die Lehrer waren mit ihm und seinem

Probleme in der Schule:

- konnte dem Unterricht nicht folgen, war total überfordert
- konnte nicht stillsitzen, war unruhig und leicht ablenkbar
- konnte sich nicht konzentrieren
- seine Feinmotorik war ungeeignet für das Schreiben von Zahlen und Buchstaben
- hielt sich nicht an Absprachen und Regeln
- störte den Unterricht und musste deshalb oft den Klassenraum verlassen
- ging nicht gerne zur Schule

Verhalten total überfordert. Deshalb wurde er noch vor den Herbstferien in den Schulkindergarten zurückgestellt.

Damals schon hatte ich das Gefühl, dass Daniel mit der Schule total überfordert war und dass auch ein weiteres Jahr im Schulkindergarten daran nicht viel ändern würde. Er konnte einfach zu viele Dinge nicht. Meine vorsichtige Nachfrage, ob nicht vielleicht für Daniel eine Sonderschule nötig werden würde, wurde empört zurückgewiesen. Die Lehrer waren der Meinung, Daniel sei halt nur noch nicht so weit in seiner allgemeinen Entwicklung und in einem Jahr würde alles besser sein.

Also kam Daniel in den Schulkindergarten, ohne Überprüfung auf sonderpädagogischen Bedarf. Aber dort ging es auch nicht besser. Er war unruhig, unkonzentriert, leicht ablenkbar, er hielt sich nicht an Absprachen und Regeln. Die Erzieherin beschwerte sich ständig über ihn. Nach erneutem Drängen meinerseits wurde dann doch eine Testung durchgeführt. Der testende Schulpsychologe erklärte mir, Daniel sei von der Intelligenz her im Grenzbereich anzusiedeln. Er empfahl die erneute Einschulung in die Regelgrundschule.

Ich war einfach zu unerfahren und musste den „Fachleuten" ja glauben. Schließlich wollte man ja auch nichts verkehrt machen und dem Kind die Zukunft verbauen. Ich hatte nur ein ungutes Gefühl dabei. Eine Diagnostik lag zu diesem Zeitpunkt noch nicht vor. Ich war aber mehr und mehr davon überzeugt, dass mit meinem Kind etwas nicht stimmte. Ich konnte nur selbst nicht sagen, was das sein könnte.

Im nächsten Schuljahr erfolgte also die erneute Einschulung in dieselbe Grundschule. Ca. 4–5 Monate ging alles einigermaßen gut, Daniel hatte durch den Schulkindergarten doch einen gewissen Vorsprung gegenüber den anderen Kindern. Aber dann kamen die Probleme immer massiver: Konzentrationsschwierigkeiten, Ablenkbarkeit, Stören des Unterrichts (Klassenclown), Aggressionen. Es wurde immer schlimmer. Auch zu Hause wurden die Hausaufgaben zur Tortur, sie dauerten oft stundenlang und waren begleitet von viel Weinen und Geschrei. Daniel wurde insgesamt immer aggressiver. Aus dem fröhlichen Kind, das gerne lachte, wurde ein verschlossenes, aggressives Monster, das nicht mehr lachen konnte. Und das war für mich das Allerschlimmste.

Die Situation in der Schule wurde immer unerträglicher. Ich wurde oft in die Schule zitiert. Trotz allem wurde Daniel in die 2. Klasse versetzt. Inzwischen hatten wir einen Schulpsychologen eingeschaltet, ohne nennenswerten Erfolg. Mir wurde nur nahegelegt, doch nicht so emotional zu reagieren, Daniel wäre doch „nur" mein Pflegekind. Ich war zu geschockt, um darauf eine Antwort geben zu können. Auch ein Beratungsgespräch in der städtischen Erziehungsberatung fand statt. Hier sah man aber die Problematik ausschließlich in der Schulsituation, die dringend geändert werden müsste. Von der Lehrerin dagegen wurden mein Mann und ich immer mehr als erziehungsunfähig angesehen. Ich bestand schließlich darauf, dass endlich ein Sonderschulverfahren eingeleitet wurde.

Im Rahmen des Sonderschulverfahrens kam es zum Streit mit der Lehrerin. Ich war nach wie vor der Meinung, dass Daniel total überfordert war und daher auf eine LB-Schule (Schule für Lernbehinderung) wechseln sollte. Die Lehrerin jedoch vertrat energisch die Ansicht, es handele sich bei Daniel nicht um eine Lernbehinderung, sondern ausschließlich um Erziehungsprobleme, und deshalb müsse Daniel zur E-Schule (Schule für Erziehungshilfe). Dort hätte er wieder die Lerninhalte des normalen Lehrplans schaffen müssen, das wollte und konnte ich nicht zulassen.

Es war eine furchtbare Zeit für die ganze Familie. Daniel hatte so sehr gelitten, dass er nach eigenen Worten nicht mehr leben wollte – er war damals 9 Jahre alt! Und wir als Eltern waren hilflos, wir kamen gegen die Bürokratie nicht an. Daniel fühlte sich auch von uns im Stich gelassen. Er konnte ja nicht verstehen, dass wir alles versuchten, aber ständig gegen Mauern rannten. Zwar hatten wir schon lange den Stress mit den Hausaufgaben eingestellt; wir ließen es einfach laufen, was er nicht schaffte, hat er nicht gemacht; aber mehr konnten wir nicht tun.

Ich wollte endlich mein ungutes Gefühl, dass etwas nicht stimmte, loswerden. Ich hatte auch inzwischen etwas gelesen, das mich sehr an unseren Daniel erinnerte. Es gab einen Bericht über ein Mädchen, dessen Mutter in

Erste Diagnosen durch das SPZ:
- Verhaltensstörung mit instabilem Sozialverhalten
- Rückstände im Schulstoff bei Grenzintelligenz
- leichte Sprachschwäche
- Wahrnehmungsstörungen im visuellen und auditiven Bereich
- Lese-/Rechtschreibschwäche

der Schwangerschaft Alkohol getrunken und damit ihr ungeborenes Kind geschädigt hatte. Man bezeichnete das als FAS, fetales Alkoholsyndrom. Unser Kinderarzt schickte uns auf mein Drängen in das zuständige SPZ. Ich berichtete dort von meinem Verdacht, aber so richtig schien FAS nicht bekannt zu sein. Dennoch wurde Daniel hier gründlich untersucht und es wurden auch einige Diagnosen gestellt, u. a. Verhaltensstörung mit instabilem Sozialverhalten, Rückstände im Schulstoff bei Grenzintelligenz, leichte Sprachschwäche. Außerdem wurden Wahrnehmungsstörungen im visuellen und auditiven Bereich und eine Lese-Rechtschreibschwäche festgestellt. Die Beschulung auf einer Schule für Lernbehinderte und in Kleinklassen wurde empfohlen. FAS wurde hier weder bestätigt noch ausgeschlossen. Außerdem wurde uns empfohlen, abklären zu lassen, ob ein ADHS bestehen könnte.

FAS wurde hier weder bestätigt noch ausgeschlossen.

Nun, mein Gefühl hatte mich also nicht getäuscht. Mein armer Kleiner war der Schulsituation gar nicht gewachsen. Aber in der Schule wollte man von diesen nun vorliegenden Ergebnissen gar nichts wissen. Man blieb bei der einmal gefassten Meinung, dass alles nur an unserer Erziehung liege, Daniel wäre völlig normal intelligent. Endlich, nach langem Kampf, kam der erlösende Bescheid, dass Daniel zum nächsten Schuljahr auf eine LB-Schule wechseln konnte. Auch für ihn war diese Nachricht eine Erlösung.

Im Sommer wechselte Daniel also auf eine LB-Schule. In der Klasse waren 18 Schüler, in der vorherigen waren es 29. Zwei Lehrkräfte waren ständig anwesend. Am Anfang zeigte er noch die gleichen Verhaltensweisen wie zuvor, doch mit der Zeit stellten sich für ihn erste Erfolge ein. Er merkte, dass er akzeptiert wurde, war kein Außenseiter mehr und den Schulstoff beherrschte er auch. Mit der Zeit gingen die Verhaltensauffälligkeiten und die Aggressionen zurück. Was aber blieb, waren die Konzentrationsschwierigkeiten, die leichte Ablenkbarkeit, die Schwierigkeiten, Regeln einzuhalten, sowie der Wunsch, ständig im Mittelpunkt zu stehen. Es ging ihm jedoch deutlich besser an dieser Schule, und er bekam wieder Freude am Leben. Die Leistungen waren gut bis sehr gut, was ihm sehr viel Selbstbewusstsein gab. Seine Lehrerin hatte Verständnis für seine Probleme und konnte sehr gut mit ihm umgehen.

Inzwischen bekam er auch Medikamente, was zusätzlich etwas Erleichterung brachte, aber ein Wundermittel waren die Tabletten auch nicht. Wir hatten Daniel natürlich gleich nach der Empfehlung durch das SPZ bei einem Kinderpsychiater vorgestellt. Der Verdacht auf ADHS wurde bestätigt und Daniel war medikamentös eingestellt worden.

Wir alle atmeten auf und hatten das Gefühl, die richtige Entscheidung getroffen zu haben. Inzwischen bestand zwar bei uns der dringende Verdacht, dass Daniel von FASD betroffen war, aber wir fanden keine Ärzte, die sich mit dieser Problematik auskannten. Gewiss waren einige Dinge diagnostiziert worden, aber der Schule und den Behörden gegenüber waren wir immer nur die Eltern, die versuchten, ihre eigene Erziehungsunfähigkeit zu verschleiern, indem sie ihr Kind „krank" redeten.

Ursachensuche/Diagnostik

Wenn wir unser Kind so sahen, kamen wir zu der Überzeugung, dass alle bisherigen Diagnosen immer noch nicht Daniels Verhalten und seine allgemeinen Schwierigkeiten vollständig erklären konnten. Der Bericht über FAS ließ mich nicht los. Zu der Zeit noch Neulinge im Umgang mit dem PC und Internet, recherchierten wir viel in diesem neuen Medium. Wir wurden fündig. Es gab Informationen zu diesem Thema, wenn auch nicht viele. Und je mehr wir lasen, umso mehr erkannten wir unseren Sohn wieder. Wir fanden Menschen, die mit Kindern mit FAS lebten, mit denen wir uns austauschen konnten. Viele Verhaltensweisen von Daniel waren hier gar nicht mehr so ungewöhnlich, sondern bestens bekannt. Über die Zeit wurden aus diesen ersten Kontakten zum Teil Freundschaften. Hier fühlten wir uns in all unserer Unsicherheit verstanden und angenommen. Und wir wurden bestätigt in unserem Wunsch, Gewissheit zu bekommen. Aus dieser kleinen Gruppe von betroffenen Eltern entwickelte sich später der Verein FASD Deutschland e. V., der sich bis heute intensiv für die Belange von Menschen mit FASD und ihren Bezugspersonen einsetzt.

Je mehr wir über FAS lasen, umso mehr erkannten wir unseren Sohn wieder.

Aus dieser kleinen Gruppe von betroffenen Eltern entwickelte sich später der Verein FASD Deutschland e. V., der sich bis heute intensiv für die Belange von Menschen mit FASD und ihren Bezugspersonen einsetzt.

Es gab damals kaum Stellen, an die man sich bei dem Verdacht auf FASD wenden konnte. Doch einer der Spezialisten war gar nicht so weit von uns entfernt. Wir wären zu der Zeit aber wohl überall hingefahren, nur um endlich zu wissen, warum Daniels Leben so schwierig war.

Wir fuhren also mit unserem Sohn zu diesem Spezialisten. Die Untersuchung ergab, was wir schon geahnt hatten. Daniel ist betroffen von FAS. Und obwohl wir es ja eigentlich schon gewusst hatten und obwohl wir Gewissheit erhalten wollten, war es doch erst einmal ein Schock, die Diagnose nun schwarz auf weiß und unumstößlich vor sich zu haben. Wir hatten also ein behindertes Kind und hatten das die ganzen Jahre nicht gewusst. Daniel war zu diesem

Zeitpunkt schon 12 Jahre alt. Gleichzeitig war die Diagnosestellung für uns aber auch eine Erleichterung. Es lag also weder am Unwillen des Kindes noch an unserer Erziehungsunfähigkeit, dass es so viele Probleme für und mit Daniel gab.

Wir glaubten, dass es nun auch einfacher werden würde, den Lehrern klarzumachen, dass Daniels Verhalten nicht auf bösem Willen, sondern auf einer vorgeburtlichen, irreversiblen Hirnschädigung beruhte.

Die Diagnosestellung setzte weitere Schritte in Gang. Wir beantragten einen Schwerbehindertenausweis für Daniel, den er auch bekam, Grad der Behinderung 70 %. Dank des netten Mitarbeiters, der uns darauf hingewiesen hatte, bekam er auch die Merkzeichen G, B und H.

Daniel erhält einen Schwerbehindertenausweis

- Grad der Behinderung 70 %
- inklusive der Merkmale G,B,H

und Pflegestufe 1

Auch die Pflegestufe beantragten wir für ihn. Hier gestaltete sich die Bearbeitung etwas schwieriger. Die erste Begutachtung durch den medizinischen Dienst ergab, dass keine Pflegestufe zuerkannt wurde. Aber nach einem detaillierten Widerspruch meinerseits und einer erneuten Begutachtung durch den medizinischen Dienst wurde ihm die Pflegestufe 1 zuerkannt.

Wir mussten unser Verhalten und unseren Erziehungsstil nicht ändern, instinktiv hatten wir schon genau den richtigen Umgang mit unserem Sohn praktiziert: nur kurze Anweisungen, gar nicht viel erklären, oft auch einfach nur „nein" sagen, zu viele Reize vermeiden, usw. Aber wir wussten jetzt, dass es richtig gewesen war und wir uns nicht mehr gegenüber wohlmeinenden anderen Eltern oder Pädagogen rechtfertigen mussten. Und wir mussten uns auch nicht mehr selbst infrage stellen. Keiner von uns, weder wir noch Daniel, war für dessen Probleme verantwortlich, sondern nur seine Behinderung.

Schule (2)

In Daniels neuer Schule ging zwei Jahre lang alles ganz gut. Es gab zwar immer mal das eine oder andere Problem, aber nichts wirklich Gravierendes.

Doch dann gab es wieder Veränderungen. Daniel kam in die 5. Klasse und wechselte damit an dieser Schule von der Unterstufe in die Mittelstufe. Das bedeutete auch, dass er seine geliebte Lehrerin verlor. Er bekam eine neue, noch recht junge Lehrerin, die selbst ganz neu an dieser Schule war. Die Klassengröße blieb bestehen, aber jetzt nur noch mit dieser einen Lehrkraft. Von den Kindern wurde sehr viel mehr Eigenverantwortung erwartet, sie waren ja jetzt nicht mehr die „Kleinen". Von Anfang an hatte ich den Eindruck, dass die neue Lehrerin mit dieser Klasse überfordert war und auch die Schüler mit ihr nicht zurechtkamen. Auf Daniel traf dies ganz besonders zu. Die Lehrerin war seiner Problematik überhaupt nicht gewachsen. Daniels Medikation musste auf ein Langzeitpräparat umgestellt werden, da die Lehrerin nicht bereit war, ihm während der Schulzeit seine Tabletten zu geben. Daniel verschloss sich wieder völlig und fiel in seine alten Verhaltensweisen zurück.

Hinzu kam auch noch, dass der Unterrichtsstoff vielfältiger und schwieriger wurde, was Daniel zusätzlich überforderte. Während des ganzen Schuljahres ging es mit ihm ständig bergab. Er wurde wieder ein trauriges und verschlossenes Kind. Er wollte nicht zur Schule gehen, er täuschte Krankheiten vor, um zu Hause bleiben zu können. Auch die Leistungen gingen in den Keller und mit ihnen sein Selbstwertgefühl. Daniel verbrachte wieder einmal mehr Zeit außerhalb des Klassenraumes auf dem Flur oder im Trainingsraum als im Unterricht. Er wurde kurzbeschult und auch zeitweise vom Unterricht ausgeschlossen. An besonderen Aktivitäten der Klasse (Eislaufen, Eis essen, Pizza essen ...) durfte er nicht mehr teilnehmen, auch nicht an der Klassenfahrt. Er wurde zum Außenseiter. Alle Gespräche mit der Lehrerin brachten nichts. An der Schule war man wieder einmal der Meinung, Daniel könnte, wenn er nur wollte. Und abermals lag natürlich alles an uns Eltern.

Wir hatten inzwischen die Diagnose FAS und den Behindertenausweis für unseren Sohn und konfrontierten die Schule mit diesen neuen Tatsachen in der Hoffnung, dass sich nun ein wenig mehr Verständnis einstellen würde. Aber weit gefehlt, man hatte schon fast den Eindruck, es wurde jetzt noch schlimmer.

Am Ende des Schuljahres war die Situation so festgefahren, dass wir um Unterstützung durch einen Schulbegleiter baten. Die Schule tat sich schwer damit, dies zuzulassen, aber schließlich konnten wir uns doch durchsetzen, und zum nächsten Schuljahr kam ein Begleiter für Daniel an die Schule.

Leider brachte auch der Einsatz dieses Integrationshelfers keine Verbesserung. Wie ich erst im Laufe der Zeit erfuhr, war der Helfer gar nicht, wie von mir erwartet und eigentlich auch im Vorfeld besprochen, immer an Daniels Seite, um ihn zu unterstützen oder ihn gegebenenfalls auch mal aus einer Situation ganz herauszunehmen. Daniel wurde nach wie vor bei Fehlverhalten in den Trainingsraum geschickt. Der Helfer verblieb dann aber in der Klasse und unterstützte dort die Lehrerin mit den anderen Kindern. Während der Pausen war der Integrationshelfer mit den Lehrern im Lehrerzimmer und trank dort Kaffee, statt bei meinem Kind zu sein. Gerade die Pausen waren doch für Daniel Überforderung pur.

Dementsprechend verbesserte sich nichts. Die Situation blieb verfahren. Daniel verweigerte immer mehr, die Leistungen gingen zurück, das Kind wurde immer aggressiver. Die Diagnose des Fachmanns wurde an der Schule als „Gefälligkeitsdiagnose" bezeichnet, der Schwerbehindertenausweis wurde nicht ernst genommen. Man fragte mich tatsächlich, warum ich denn unbedingt ein behindertes Kind haben wollte. Daniel hätte nichts, er könnte, wenn er wollte. Zum Ende dieses Schuljahres eskalierte die Situation dann völlig. Ein Miteinander war nicht mehr möglich. Und wieder standen wir vor einer ähnlichen Situation wie vor dem Wechsel auf die LB-Schule. Alles wiederholte sich.

Ich wollte die Überprüfung, ob mein Kind nicht doch auf eine GB-Schule (Schule für geistige Behinderung) wechseln sollte. Aber immer wieder waren meine Vorstöße in diese Richtung abgeblockt worden. Auch ein Gespräch mit dem Leiter der zuständigen GB-Schule brachte mich nicht wirklich weiter. Er vermittelte mir den Eindruck, dass Daniel an seiner Schule nicht mehr weiter gefördert werden könnte und sogar schon erworbene Fähigkeiten wieder verlieren würde. Das war natürlich auch nicht wirklich eine Perspektive. Ich war verzweifelt und verunsichert. Es musste dringend etwas geschehen, bevor dem Kind etwas passierte. Daniel befand sich in einem ähnlichen Gemütszustand wie damals vor dem Wechsel auf die LB-Schule, aber ich glaube, diesmal merkte er, dass ich alles versuchte, um ihm zu helfen.

Eine weitere Beschulung bei dieser Lehrerin kam aufgrund der Vorfälle zum Ende des Schuljahres nicht in Frage. Einmal mussten wir Daniel abholen, weil er regelrecht zusammengebrochen war: Daniel war wieder einmal zur Bestrafung für Fehlverhalten im Trainingsraum. Seine Lehrerin holte ihn dann in den Klassenraum zurück, wo sie mit den Kindern Entspannungsübungen machen wollte. Daniel hatte sich irgendwann ganz klein gemacht und unter dem Tisch verkrochen. Er hatte die Augen geschlossen und reagierte überhaupt nicht mehr, auf nichts und niemanden. Er lag einfach nur da mit geschlossenen Augen. Auch die Aufforderung, doch am Telefon mit der Mama zu reden, und die Zusage, dass der Papa unterwegs wäre, um ihn abzuholen, haben nichts bewirkt. Das Kind war einfach nur fertig und in den Erstarrungsmodus gegangen. Die Lehrer erkannten darin aber nicht seine totale Verzweiflung, sondern sahen darin nur eine neue Provokation.

Er hatte die Augen geschlossen und reagierte überhaupt nicht mehr, auf nichts und niemanden. Das Kind war einfach nur fertig und in den Erstarrungsmodus gegangen.

Die Schule nahm dies dann zum Anlass, die Hilfe durch den Integrationshelfer einzustellen, da sie ja doch nichts brächte. Ich war damit zwar nicht einverstanden, konnte aber nichts machen, da die Schule Hausrecht hatte. Einer Umsetzung in eine parallele Lerngruppe stimmte die Schulleitung nicht zu. Man war in der Schule ohnehin der Meinung, dieses Kind gehöre in eine geschlossene Anstalt, was man sogar dem Kind gegenüber äußerte. Für mich war ein Verbleib von Daniel an dieser Schule überhaupt keine Option mehr. Ich wollte einen Schulwechsel, so schnell wie möglich.

Ich hätte immer noch gerne die Umschulung in eine GB-Schule erreicht, aber dazu hätte es eine neue sonderpädagogische Überprüfung geben müssen. Das aber hätte bedeutet, dass Daniel noch mindestens ein Jahr an dieser Schule und bei dieser Lehrerin hätte bleiben müssen. Das war aber für uns ausgeschlossen. In Absprache mit der zuständigen Schulrätin entschlossen wir uns daher zu einer kurzfristigen Umschulung auf eine andere LB-Schule. Glücklicherweise wohnten wir in einer Großstadt, in der es mehrere Schulen des gleichen Typs gab. Den Antrag auf sonderpädagogische Überprüfung mussten wir dafür aber zunächst aufgeben, denn jetzt musste Daniel sich erst einmal an dieser Schule zurechtfinden.

Nach dem Sommer besuchte Daniel seine neue Schule. In der Klasse waren 12 Kinder, die von einer Klassenlehrerin betreut wurden. Aber in den einzelnen Fächern unterrichteten auch viele verschiedene Lehrer, sodass nicht mehr alles nur an einer Person hing. Zunächst fühlte Daniel sich sehr wohl in seiner neuen Klasse. Wir genossen die momentane Ruhe, waren uns aber durchaus bewusst, dass dies noch lange nicht das Ende unserer Auseinandersetzung mit dem Thema Schule sein würde. Im Hinblick auf die Zukunft strebte ich eigentlich immer noch die Umschulung in eine GB-Schule an, aber diese Möglichkeit blieb ja immer noch erhalten. Jetzt warteten wir erst einmal ab, wie sich alles entwickeln würde.

Die Zukunftssorgen blieben auf jeden Fall. Daniel war jetzt 14 Jahre alt, er konnte lesen – er verstand auch, was er las –, er konnte mit den Grundrechenarten einigermaßen umgehen, er konnte aber nicht schreiben bzw. das, was er schrieb, war aufgrund der starken Legasthenie absolut unverständlich. Er wusste viele Dinge aus dem Sachunterricht. Er war gut in Sport und hatte gerne Hauswirtschaft. Für einen Beruf würden diese Fähigkeiten aber wohl nicht reichen.

Zukunftssorgen: Für einen Beruf würden seine Fähigkeiten aber wohl nicht reichen.

Oskar

Daniel war nun in einem Alter, in dem Kinder sich normalerweise etwas von ihren Eltern abnabeln, wo sie mehr Dinge alleine oder mit ihren Freunden unternehmen. Wer will schon als pubertierender Junge immer seine Eltern im Schlepptau haben? Daniel war nicht als behindertes Kind aufgewachsen, er wollte nichts davon hören, dass er anders war und vieles, was seine Freunde machen konnten, für ihn eben nicht ging. Außerdem sah er an seinen Geschwistern, dass diese immer mehr Freiheiten bekamen. Das wollte er natürlich auch.

Gut, er hatte seinen Sportverein. Mittlerweile machte er nicht mehr Leichtathletik, sondern spielte Fußball. Die Leichtathletik hatte er nach dem Unfall aufgeben müssen. Als Läufer hätte er danach intensiv und diszipliniert mit viel Hilfe trainieren müssen, um wieder in Form zu kommen. Das war für ihn nicht machbar. Aber er wollte gerne Fußball spielen, und wir fanden einen Verein, in dem er mitmachen konnte. Er hatte einen verständnisvollen Trainer, der gut mit seinen Eigenarten umgehen konnte. Und die Mannschaft trainierte nicht so sehr leistungsorientiert. Das passte auch für Daniel gut.

Aber außer regelmäßig zu trainieren, konnte Daniel nicht viel unternehmen, da man ihn ja nach wie vor nicht aus den Augen lassen konnte und auch weil er sich durch andere so schnell zu Dummheiten jeder Art verleiten ließ. Diese Erfahrung hatten wir ja immer wieder machen müssen. Wir versuchten, eine Lösung zu finden. Da Daniel einen Schwerbehindertenausweis hatte, dachte ich, es müsste ihm doch eigentlich eine Hilfe für die Freizeitgestaltung zustehen. Ich beantragte also im Rahmen der Eingliederungshilfe beim zuständigen Amt eben solche Hilfe in Form eines Begleiters für die Freizeit. Der Antrag wurde abgelehnt. Im Amt war man der Meinung, dass Daniel dadurch, dass er in der Schule unter seinesgleichen war und zu Hause Geschwister hatte, ausreichend am Leben teilhaben könnte. Eine zusätzliche Freizeitgestaltung wäre nicht notwendig. Mein Widerspruch war ebenfalls erfolglos.

Ich wandte mich ans Jugendamt. Durch die regelmäßigen Hilfeplangespräche, die ja bei jedem Pflegekind stattfinden, war unser Sachbearbeiter über alle Probleme im Bilde. Ich schilderte ihm meine Vorstellung von einer Freizeitbegleitung für

Daniel. Ich dachte da an einen jungen Mann, der ihn einfach ab und zu abholte und mit ihm irgendetwas unternahm, z. B. zum Schwimmen oder ins Kino gehen, oder ihn begleitete, wenn er sich mit Freunden treffen wollte. Da das Sozialamt meinen Antrag bereits abgelehnt hatte, hatte ich nicht viel Hoffnung. Aber siehe da, unser Sachbearbeiter sah die Problematik und verstand meinen Ansatz. Und tatsächlich konnte er es durchsetzen, dass so eine Hilfe für Daniel eingerichtet werden sollte.

Nun hieß es natürlich, die passende Person zu finden. Ich dachte an unsere Erfahrungen mit dem Integrationshelfer in der Schule. Es nützte ja nichts, einfach irgendjemanden zu nehmen, der Daniel dann gar nicht gewachsen war oder den Daniel nicht akzeptierte. Der Sachbearbeiter kannte jemanden, der wohl infrage kam: Oskar. Oskar war gut ausgebildet, Sozialpädagoge, nicht so jung, wie er aussah, und konnte wohl auch mit schwierigen Fällen umgehen. Wir lernten Oskar zunächst ohne Daniel kennen. Er schien uns geeignet zu sein. Ich erzählte offen und ungeschönt von Daniels Problemen, schließlich musste dieser Mann ja mit Daniels Verhaltensweisen auch umgehen können. Wir waren uns dann soweit einig, dass wir es miteinander versuchen wollten. Aber zuerst sollten Oskar und Daniel sich kennenlernen, denn nur wenn die Chemie zwischen den beiden stimmte, hatte es Sinn. Die beiden mochten sich, also konnte es bald losgehen. Wir bekamen 10 Stunden in der Woche bewilligt, die wir uns ganz individuell in Absprache mit Oskar einteilen konnten.

Schwimmen gehen, Kinobesuche, mit Freunden treffen, Shoppen, Besuche im Jugendzentrum, Ausflüge, Radtouren, Aktivitäten aller Art, all das war nun für Daniel in Begleitung von Oskar möglich.

Von da an hatte Daniel sozusagen einen großen Freund, der ihn begleitete. Das konnte er gut annehmen, und die beiden hatten viel Spaß miteinander. Schwimmen gehen, Kinobesuche, Shoppen, mit Freunden treffen, Besuche im Jugendzentrum, Ausflüge, Radtouren, Aktivitäten aller Art, all das war nun für Daniel in Begleitung von Oskar möglich. Oskar hat mir später erzählt, dass er zwar die Dinge aufgenommen hatte, die ich ihm im Vorfeld erzählt hatte, dass er aber fast ein Dreivierteljahr gebraucht hatte, um wirklich zu verstehen, was mit Daniel los war und wie er tickte. Ich glaube, auch Oskar hat noch viel von Daniel gelernt. Immer wieder musste er seine pädagogischen Konzepte über Bord werfen und neue, unkonventionelle Wege gehen.

Für mich bedeutete es ungeahnte Ruhe, wenn Daniel mit Oskar unterwegs war. Da ich Oskar unbedingt vertrauen konnte, lernte ich, diese Zeit für mich als Regenerationsphase zu nutzen, der Alltag mit Daniel war anstrengend genug.

Später wurde Oskar für unsere Familie mehr als nur eine Freizeitbegleitung für Daniel. Er stand mir oft mit seinem Fachwissen zur Seite, begleitete mich zu Gesprächen in die Schule und wurde viel später auch noch zu einer Art „Feuerwehrmann“, den ich einschalten konnte, wenn die Situation mal wieder ganz unerträglich wurde.

Schule (3)

Das erste Jahr an seiner neuen Schule war für Daniel und auch die ganze Familie eine Erholung. Die Lehrerin war sehr nett und verständnisvoll. Wenn sie merkte, dass Daniel dem Unterricht nicht mehr folgen konnte oder zu unruhig wurde, gab sie ihm die Möglichkeit zu einer kurzen Auszeit auf dem Schulhof. Sie schaffte es, Daniel voll in die Klasse zu integrieren und ihm auch Erfolgserlebnisse zu vermitteln. Natürlich lief auch jetzt nicht alles ganz glatt, aber Daniel konnte ohne Angst zur Schule gehen.

Nach einem Jahr gab es leider wieder einen Wechsel des Klassenlehrers. Die Kinder wurden jetzt die „Großen" in der Oberstufe. Wieder gab es anfangs Probleme damit, dass die neue Lehrerin mehr Selbstständigkeit und Eigenverantwortung von den Kindern erwartete. Auf die im letzten Jahr bewährten Hilfsmittel, wie beispielsweise ein Mitteilungsheft, von dem immer ausgiebig Gebrauch gemacht worden war, oder Hausaufgaben aufschreiben – Daniel konnte ja nicht leserlich schreiben und sich auch nicht die Hausaufgaben merken –, wollte sie gänzlich verzichten. Dazu wäre Daniel jetzt zu groß, das müsste er doch wohl alleine bewältigen können. Konnte er aber nicht! Prompt gab es auch wieder erste Ansätze von Überforderung und teilweise Rückzug bei Daniel. Wir suchten nochmals das Gespräch mit der Lehrerin, bezogen auch gleich Schulleitung und Jugendamt mit ein. Noch einmal versuchten wir den Lehrern klarzumachen, dass Daniels Probleme auf der Behinderung beruhten und nicht auf bösem Willen. Erneut versuchte ich, eine Umschulung auf eine GB-Schule anzusprechen, aber ich stieß wieder auf empörte Ablehnung.

Trotzdem hatte das Gespräch wohl etwas bewirkt, denn die Anforderungen an das Kind und der Umgang mit ihm änderten sich doch etwas. Und so ging auch dieses Schuljahr dann mit mehr oder weniger ausgeprägten Problemen, aber ohne große Katastrophe zu Ende. Daniels Lehrerin wünschte mittlerweile selbst die vorher verweigerten Hilfsmittel und auch telefonisch standen wir in regelmäßigem Kontakt.

Nun war Daniel bereits in der 9. Klasse. Den Plan, ihn noch auf eine GB-Schule umschulen zu lassen, mussten wir wohl aufgeben, denn dafür war es mittlerweile schon zu spät. Seine Leistungen in diesem Schuljahr fielen stark ab. Die alte Problematik, dass er sich nicht konzentrieren und nicht an Regeln halten konnte, bestand nach wie vor. Er war zu der Zeit auch absolut demotiviert und wäre am liebsten überhaupt nicht mehr zur Schule gegangen.

Neue und alte Probleme in der Schule:
- leistungsmäßige Überforderung
- hinkte in emotionaler Entwicklung Klassenkameraden hinterher
- hielt Regeln nicht ein
- fiel durch schlechtes Benehmen auf
- ließ sich von „Leithammeln" verführen

Dieses 9. Schuljahr war ein absolut schwieriges Jahr für Daniel. Leistungsmäßig war er hoffnungslos überfordert, aber auch in der emotionalen Entwicklung konnte er mit seinen Klassenkameraden bei Weitem nicht mithalten. Er stand ständig unter Druck, wollte nicht zur Schule, empfand die Schule als einzigen großen Stress. Er hielt sich an keine Regeln, fiel ständig durch schlechtes Benehmen auf, insbesondere, wenn er einen „Leithammel" hatte. Er fing an zu rauchen, wahrscheinlich hat er auch Alkohol ausprobiert, und der Verdacht auf Drogen wurde von den Lehrern ebenfalls geäußert. Obwohl Daniel mit dem Schulbus zur Schule gebracht und abgeholt wurde, gelang es ihm immer wieder, die Schule zu schwänzen. Seine Klassenlehrerin war irgendwann nur noch genervt von ihm und hatte keine Lust mehr, sich näher mit ihm und seiner Problematik auseinanderzusetzen. Dennoch war immer noch der Tenor: Nein, kognitiv ist dieser Junge hier nicht überfordert! Diese Schulform ist genau die richtige für ihn. Da kurz vor den Ferien die Situation in der Schule nochmals extrem wurde, wurde in einer Klassenkonferenz beschlossen, dass Daniel bis zu den Ferien die Klasse wechselte.

In dieser Klasse lief es dann erstmal besser. Ob dies der Lehrerin zu verdanken war oder dem Umstand, dass Daniel sich nicht mehr an der gewohnten Gruppe orientieren konnte, oder ob einfach die Zeit zu kurz war, um sich dort einzugewöhnen, sei dahingestellt. Wir alle waren jedenfalls froh, als das Schuljahr endlich zu Ende ging und die langen Sommerferien Hoffnung auf etwas Ruhe brachten. Das Zeugnis fiel entsprechend der gebotenen Leistungen nicht gerade gut aus, aber das störte uns alle schon längst nicht mehr.

Was aber dann kam, war nicht vorauszusehen gewesen!

Auf Daniel kamen neue gesundheitliche Probleme zu. Er entwickelte eine Epilepsie mit sehr schweren Anfällen. Aufgrund dieser veränderten Situation mussten sich auch die Lehrer erneut mit Daniels Problemen auseinandersetzen. Wir beschlossen gemeinsam, ihn in der zuletzt besuchten Klasse zu lassen, da die Lehrerin ursprünglich von einer GB-Schule kam und sich den Umgang mit Daniel eher zutraute. Von der Klasse war er gut aufgenommen worden, und die Lehrerin war der Überzeugung, dass sie den anderen Schülern klarmachen könnte, dass es für Daniel eben ab und zu besondere Regelungen geben musste. Da das Schulbusunternehmen sich die Beförderung eines anfallskranken Kindes nicht zutraute, bekam Daniel nun eine Taxibeförderung.

So weit war also erst einmal alles geregelt. Es gab auf einmal sehr viel Verständnis und Entgegenkommen seitens der Lehrer, und es sollte Daniel so einfach wie möglich gemacht werden.

Wegen der Epilepsie war vorerst nicht an Schule zu denken. Es folgten immer wieder Arzttermine und Krankenhausaufenthalte, sodass Daniel den Unterricht nur sporadisch besuchen konnte. Auch das anstehende 3-wöchige Berufspraktikum, an das sich ein Jahrespraktikum anschließen sollte, fiel zunächst einmal der Krankheit zum Opfer.

Die nun sehr gute Zusammenarbeit aller Beteiligten machte es nach den Herbstferien dann doch noch möglich, dass Daniel dieses Praktikum ableisten konnte. Er nahm zwar dadurch wieder nicht am Unterricht teil und verpasste noch mehr Schulstoff, aber für ihn war es auf jeden Fall besser so. Auch das anschließende Jahrespraktikum wurde ihm dadurch ermöglicht. Jahrespraktikum bedeutete, dass die Schüler ein Schuljahr lang jeweils einen Tag in der Woche in ihrem Praktikumsbetrieb verbrachten statt in der Schule.

Als Daniel nach dem 3-wöchigen Praktikum endlich wieder am Unterricht teilnehmen sollte, eskalierte dann aber alles. Daniel erschien gar nicht erst im Unterricht oder verschwand in den Pausen. Er geriet in Kreise, in denen Drogen, Bedrohung und Erpressung an der Tagesordnung waren. Wahrscheinlich wurde er schon morgens vor der Schule abgefangen und „umgeleitet“. Unter diesen Umständen war eine weitere Beschulung nicht sinnvoll, da die Umgebung „Schule“ einfach zu gefährlich für ihn war.

Probleme in der Pubertät – Persönlichkeitsveränderung:
- lehnte sich gegen alle Beschränkungen auf, war uneinsichtig gegenüber Argumenten
- forderte mehr Freiheiten für sich
- riss mehrfach aus, schwänzte die Schule
- geriet in schlechten Umgang
- bekam psychische Probleme

Auch zu Hause fing Daniel nun an, sich extrem gegen alle Beschränkungen aufzulehnen. Er ist mehrfach ausgerissen und musste von der Polizei gesucht werden. Er suchte einfach mehr Freiheiten für sich. Argumenten war er gar nicht mehr zugänglich. Es kam auch der Verdacht auf, dass er selbst Drogen nehmen könnte, aber alle durchgeführten Tests waren negativ. Dennoch veränderte sich seine ganze Persönlichkeit.

In Zusammenarbeit mit Schule, Jugendamt und einer Einrichtung der Jugend- und Behindertenhilfe – dort hatte er schon seine Schulpraktika absolviert – wurde nach einer sinnvollen Lösung für Daniel gesucht. Schließlich gelang es uns allen gemeinsam durchzusetzen, dass er nicht mehr zur Schule gehen musste, sondern seine Schulpflicht in einem Dauerpraktikum bis zum Ende des Schuljahres ableisten konnte. Alle haben hier wirklich mal an einem Strang gezogen und wohl die beste Lösung für Daniel gefunden.

Leider stand es aber weiterhin mit Daniels Gesundheit nicht zum Besten. Nun waren auch noch psychische Probleme hinzugekommen. Wiederholte Aufenthalte im Krankenhaus bzw. in der Psychiatrie sorgten dafür, dass er auch zum Praktikum kaum antreten konnte. Ob er sich auch hier überfordert fühlte, wusste man nicht genau. Dennoch blieb ihm die Stelle erhalten und alle hofften auf eine baldige Besserung der Umstände.

Trotz aller Probleme konnte Daniel sein Dauerpraktikum dann doch noch aufnehmen und zu Ende führen. Damit beendete er ganz offiziell seine Schulzeit. Er hat zwar keinen Schulabschluss, sondern nur ein Abgangszeugnis, aber er hat seine Schulpflicht erfüllt. Und damit fand das schwierige und belastende Thema Schule endlich ein Ende.

Da Daniel nach der Schule direkt in eine Werkstatt für behinderte Menschen eingegliedert werden sollte, entfiel für ihn auch die Berufsschulpflicht.

Familienleben/Freizeit

Das Leben mit Daniel war während der Jahre der Schulpflicht für unsere Familie hauptsächlich geprägt von Stress wegen und mit der Schule. Immer wieder endlose Diskussionen mit Lehrern, immer wieder Erklärungen, dass der Junge behindert ist. Immer wieder vor Mauern rennen. Zeitweise war es so schlimm, dass ich schon zusammenfuhr, wenn nur das Telefon klingelte.

Ich sah, dass es Daniel nicht gut ging. Ich versuchte immer wieder, wenigstens zu Hause Ruhe einkehren zu lassen, aber das war nicht so einfach, manchmal auch ganz unmöglich. Auch im häuslichen Umfeld hatte Daniel Probleme mit Regeln. Begriffe wie Ordnung, Zeit oder Geld waren für ihn absolut abstrakt und gar nicht verständlich. Er wuselte dauernd um mich herum, wollte ständig etwas von mir und redete pausenlos auf mich ein. Er redete ohnehin den ganzen Tag wie ein Wasserfall. Er war nicht in der Lage, sich alleine zu beschäftigen, brauchte immer einen Anstoß oder Anleitung. Insofern war er natürlich auch anstrengend.

Auch im häuslichen Umfeld hatte Daniel Probleme mit Regeln. Begriffe wie Ordnung, Zeit oder Geld waren für ihn absolut abstrakt und gar nicht verständlich.

Er fing auch an, sich im schulischen Bereich mit seinen Geschwistern zu vergleichen, vor allem mit Johanna, die erstklassige Schulleistungen vorweisen konnte. Wir versuchten immer, da gar keine Vergleiche zuzulassen. Jeder Mensch ist eben anders. Weder lobten wir Johannas Leistungen über die Maßen, obwohl sie es manchmal wirklich verdient hätte, noch gab es für Daniel Vorwürfe, wenn es mal wieder nicht geklappt hatte. Trotzdem verglich Daniel sich mit seiner Schwester, wollte doch so gerne wie sie sein. Das machte ihm noch zusätzlichen Stress.

Dennoch gab es auch ein Leben abseits der Schule. Dazu gehörte z. B. der Sport. Daniel war ja inzwischen im Fußballverein, es klappte auch eigentlich recht gut dank des verständnisvollen Trainers, dem es wichtiger als Leistung und Erfolg war, dass die Kinder Spaß hatten und ein Gefühl der Gemeinsamkeit entwickelten. Aber auch hier gab es einen Wechsel und prompt wurde Daniel wieder einmal zum Außenseiter. Der neue Trainer legte viel mehr Wert auf Leistung und Disziplin. Im Training fiel Daniel mit seinen Schwierigkeiten, sich an Regeln zu halten, und seiner ständigen Unruhe schnell unangenehm auf. Er wurde immer wieder vom Trainer diszipliniert und durfte dann zur Strafe am Wochenende nicht bei den anstehenden Spielen mitspielen. Er verlor den Spaß an der Sache. Und der Trainer fand Daniel untragbar für die Mannschaft und wollte ihn nicht mehr dabeihaben.

So standen wir mal wieder vor der Frage, was tun wir, um unserem Kind dennoch eine vernünftige Freizeitgestaltung zu ermöglichen? Eigentlich wollte Daniel auch gerne weiter Fußball spielen. Ich hielt es nicht für sinnvoll, einfach den Verein zu wechseln, denn das würde sicher nicht viel ändern. Es musste etwas Anderes geben. Da wir ja inzwischen wussten, dass Daniel behindert war, versuchte ich es über den Behindertensport. Und tatsächlich fand ich einen Trainer, der eine Mannschaft einer Behinderteneinrichtung trainierte. Am Training konnten aber auch Menschen teilnehmen, die nicht aus der Einrichtung kamen. Wir versuchten es also mit einem Probetraining. Daniel war zwar mit seinen damals 14 Jahren jünger als die anderen Spieler, wurde aber gut aufgenommen. Er konnte dabeibleiben. Daniel konnte hier mit seinen im Verein erworbenen Fähigkeiten richtig punkten, er war in dieser Mannschaft ein Leistungsträger und bekam entsprechend Anerkennung. Die Mannschaft nahm auch an Turnieren teil, oft mit gutem Erfolg. Daniel hatte mit dieser Truppe sehr viel Spaß und hat viel erlebt. Es gab Fahrten zu Turnieren in anderen Städten und sogar ins Ausland. So war Daniel in dieser Zeit u. a. in Berlin, in den Niederlanden sowie in Spanien und Griechenland. Auch an den Special Olympics nahm die Mannschaft mehrmals teil. Hier ging es Daniel richtig gut und er ging gerne zum Training. Wir waren sehr froh, dieses Team gefunden zu haben. Es war ein richtiger Glücksgriff.

Gleichzeitig hatten wir über diese Sportgruppe natürlich auch die Möglichkeit, die Einrichtung kennenzulernen, zu der die Gruppe gehörte. Immerhin war uns bewusst, dass Daniel später, in ganz weiter Ferne, vielleicht in einer Einrichtung würde leben müssen. Der Kontakt zu der Einrichtung half uns später dann auch bei der Schulproblematik. Hier konnte man Daniel ermöglichen, Schulpraktika zu absolvieren. Und diese Einrichtung war es auch, die hinterher das Dauerpraktikum für Daniel möglich machte. Ohne die Hilfe dort vor Ort hätten wir das vielleicht nicht durchsetzen können.

Neben dem Sport gab es natürlich auch normales Familienleben. Aber normal war bei uns kaum etwas. Daniel war schwierig, wurde durch die Schule extrem überfordert und zu Hause explodierte dann oft der Dampfkessel. Je älter Daniel wurde, umso mehr Freiheiten forderte er für sich ein, sicher auch zum Teil fremdgesteuert durch seine sogenannten Freunde. Er lehnte sich immer mehr auf gegen die Bevormundung durch uns, wie er es empfand. Zwischen uns eskalierte die Situation immer öfter. Aber er beruhigte sich auch meist schnell und war dann wieder das kleine Kind, für das Mama ständig da sein musste. Für mich war es oft gar nicht so einfach, so schnell umzuschalten.

Ruhe fand Daniel immer noch beim Angeln, wenn es denn mal eine Möglichkeit dazu gab, was z. B. im Urlaub meist der Fall war. Unseren Campingplatz hatten wir mittlerweile aufgegeben, weil die Kinder dort nicht mehr genügend Beschäftigung fanden und vor allem die drei Älteren sich dort langweilten. Wir fuhren nun meist zwei Mal im Jahr für 14 Tage mit den beiden jüngeren Kindern in den Urlaub. Wir hatten einen Bauernhof mit einer kleinen Schafzucht gefunden, der Ferienwohnungen vermietete. Die Kinder fühlten sich hier sehr wohl. Sie durften in die Ställe, halfen bei der Arbeit mit den Schafen, fütterten die Lämmer. Daniel durfte den Traktor fahren, ein ganz tolles Erlebnis für ihn. Außerdem gab es noch zwei Reitpferde, die die Kinder auch reiten durften, und einen kleinen Angelteich. Dorthin fuhren wir einige Male hintereinander, bis die Kinder auch dafür zu alt wurden.

Oskar half uns weiterhin, die Freizeit für Daniel zu gestalten. Daniel und Oskar waren zu einem guten Team zusammengewachsen und auch ich war oft froh, Oskar zu haben, wenn die Situation zu Hause mal wieder eskalierte. Es war sehr hilfreich, wenn Daniel dann für einige Stunden außer Haus war. Auch Oskar erlebte immer wieder neue Facetten von Daniel. Trotz seiner sehr guten pädagogischen Ausbildung geriet auch er immer öfter an seine Grenzen und musste seine Arbeitsweise immer wieder neu anpassen. Wir führten viele Gespräche. Oskar war kreativ und durchaus in der Lage, sich bzw. seine Arbeit den Gegebenheiten anzupassen. Oskar war auch jederzeit bereit, mich in meinem Kampf gegen die Behörden und vor allem die Schule zu unterstützen. Er begleitete mich manches Mal zu Gesprächen in die Schule, was der Sache immer gleich einen ganz anderen Anstrich gab.

Je länger Oskar mit Daniel zu tun hatte, umso mehr verstand er die Besonderheiten. Er merkte, dass hier ein normales pädagogisches Konzept nicht greifen konnte.

Epilepsie/Persönlichkeitsveränderung

Als Daniel 16 Jahre alt war, war er wieder einmal mit Oskar unterwegs. Die beiden machten einen Kirmesbesuch. Alles war wie immer, bis Oskar anrief. Daniel war auf der Kirmes zusammengebrochen und hatte gekrampft. Oskar war auch ausgebildeter Rettungsassistent, konnte also solche Situationen durchaus einschätzen. Er hatte Daniel mit dem Krankenwagen ins Krankenhaus bringen lassen. Dort war er nun, Daniel wurde noch behandelt. Wir fuhren natürlich sofort ins Krankenhaus. Daniel war immer noch im Behandlungsraum. Er krampfte nun schon seit der Einlieferung und die Ärzte bekamen es nicht richtig in den Griff. Daniel musste im Krankenhaus bleiben. Am nächsten Morgen holten wir ihn ab, mussten aber mittags bereits wieder den Rettungswagen rufen, weil er wieder krampfte. Wir hatten keine Ahnung, was da passierte. Wir sahen nur, dass es schlimm war. Der Junge lag da, war nicht bei sich und krampfte. Und das viel zu lange, zwischen zwanzig und dreißig Minuten, gefühlt waren es für mich Stunden. Diesmal kam Daniel in der Uniklinik auf die Kinderstation. Hier stellte man dann auch die Diagnose Epilepsie. Es folgte eine Zeit, in der sich die Anfälle fast täglich wiederholten, teilweise mit, teilweise ohne Krankenhausaufenthalt. Die Ärzte versuchten, Daniel auf Medikamente einzustellen, um die Anfälle in den Griff zu bekommen. Da dies nicht so einfach gelang, wurden alle bisher eingenommenen Medikamente, auch das gegen ADHS, abgesetzt. Schließlich passte die Medikation und die Anfälle ließen nach.

Daniels Persönlichkeit veränderte sich. Er wurde zusehends aggressiver, ließ sich nichts mehr sagen.

Aber irgendetwas stimmte nicht mehr. Daniels Persönlichkeit veränderte sich. Er wurde zusehends aggressiver, ließ sich nichts mehr sagen. Er fing an, Sachen durch sein Zimmer zu schmeißen, gegen Wände zu schlagen. Und er lief weg, wann immer sich die Gelegenheit bot. Ich selbst wurde zum Opfer seiner Wutattacken, er machte mich für alles verantwortlich, was in seinem Leben schief lief. Nach wie vor gab es aber noch die andere Seite: die kleinkindhafte, hilflose, anhängliche.

Nach den manchmal doch sehr heftigen Wutattacken mit bösesten Beschimpfungen und sogar Drohungen brach er zusammen und brauchte dann meinen Trost und meine Fürsorge. Es war für mich oft so schwer, dann von meiner eigenen Aufgewühltheit, meinem eigenen Verletztsein und auch meiner eigenen Wut umzuschalten auf die liebevolle Mama, die doch immer für ihn da ist. Er kuschelte sich dann in meinen Arm und weinte, bis er zur Ruhe kam.

Diese Wutattacken kamen immer völlig unvermittelt und ohne Vorwarnung. Es konnte passieren, dass wir beide noch miteinander gelacht hatten, er kurz in sein Zimmer ging und völlig verändert mit verzerrtem, fremdem Gesichtsausdruck wieder herauskam und anfing zu toben, zu pöbeln, mich übelst zu beschimpfen. Er baute sich vor mir auf und drohte sogar. Es war, als hätte er einen Schalter im Kopf, der unvermittelt umsprang. Genauso plötzlich hörte es auch wieder auf, dann war er fix und fertig und wusste selbst nicht, was mit ihm geschehen war. Ich war auch jedes Mal am Ende meiner Kräfte, aber ich musste weitermachen, musste mich dann intensiv um ihn kümmern.

Schon ca. ein Jahr zuvor hatte es angefangen, dass er nachts Dinge und vor allem Menschen sah, die nicht da waren. Daniel hatte noch nie durchgeschlafen. Schon als Kind wanderte er nachts durch die Wohnung, meist auf der Suche nach etwas Essbarem. Morgens wusste er davon in der Regel nichts mehr. Aber nun hatte er nachts Angst. Er sah Menschen, die um sein Bett herumstanden oder auf der Bettkante saßen, die mit ihm redeten und ihm Angst machten. Ich musste manche Nacht an seinem Bett verbringen und seine Hand halten, um ihm die Gewissheit zu geben, dass ihm nichts passieren konnte. Diese Phänomene verstärkten sich, nachdem die Epilepsie aufgetreten war.

Das alles machte uns große Angst, und die Ausraster belasteten die ganze Familie. Ich war oft alleine mit Daniel zu Hause. Was würde passieren, wenn die Ausraster noch schlimmer würden? Wir machten uns wirklich große Sorgen.

Kurzzeitpflege

Um ein wenig Ruhe in unser Leben zu bringen, haben wir die Möglichkeit genutzt, Daniel für eine kurze Zeit in einer Einrichtung der Behindertenhilfe unterzubringen. Er hatte eine Pflegestufe, also konnten wir die Kurzzeitpflege in Anspruch nehmen. Daniel sollte für drei Wochen in dieser Einrichtung bleiben. Doch es scheiterte. Unter anderem gab man mir nicht Bescheid, dass Daniel mehrfach epileptische Anfälle hatte, obwohl ich im Vorfeld gesagt hatte, dass er noch in der medikamentösen Einstellphase war, eine Dokumentation der Anfälle und der eventuellen Auslöser also wichtig war. Auch dass Daniel dort viel Stress sowohl mit Mitarbeitern als auch mit Bewohnern hatte, teilte man mir nicht mit.

Aber das war noch nicht alles.

Diese Einrichtung war für Daniel absolut ungeeignet. Die Struktur und Kontrolle dort reichte für ihn überhaupt nicht aus. Er war in viel zu vielen Dingen sich selbst überlassen. So ist er z. B. ins Bett gegangen, wann er wollte, und das war immer sehr spät. Schlafmangel bei einem Epileptiker!

In der Einrichtung lebten auch einige Bewohner ungefähr in Daniels Alter. Die Langeweile abends vertrieben sich die Jungs mit Horrorfilmen, auch mindestens ein Pornofilm war dabei. Möglich war dies wohl, weil der Nachtdienst für mehrere Häuser zuständig war und deshalb nur ab und zu nach dem Rechten schaute. Auch Alkohol war wohl zeitweise vorhanden.

Dann kam ein 17-jähriges Mädchen in die Gruppe, ebenfalls mit FAS. Daniel und das Mädchen lebten ohne Aufsicht unkontrolliert in einem Haus. Man kann sich wohl vorstellen, was passiert ist. Daniel hatte bis dahin noch keine sexuellen Erfahrungen, das Mädchen schon. Beim dritten Mal sind sie dann erwischt worden, und es gab Riesen-Tamtam. Zu allem Überfluss hatte das Mädel gerade keinen Empfängnisschutz. Beide versteiften sich sofort darauf, dass sie nun ein Baby bekämen. Beide wollten das auch unbedingt. Dem Mädel wurde dann die Pille danach verabreicht, mehr eingetrichtert. Sie hat sich mit Händen und Füßen dagegen gewehrt. Daniel hat ihr geholfen und die Betreuer attackiert und als Babymörder tituliert.

Nachdem Daniel mehrfach am Tag weinend zu Hause anrief, sind wir einfach ohne Voranmeldung hingefahren und haben ihn dort abgeholt. Die Vorfälle sind vom Personal bestätigt worden. Die Mitarbeiter haben eingestanden, dass sie die Situation mit FAS wohl stark unterschätzt hatten. Mit einem Verhalten, wie Daniel es zeigte – und auch das Mädchen – hatten sie nicht gerechnet. Wir haben Daniel jedenfalls sofort mitgenommen. Er war so fertig und gestresst, dass er Augen hatte wie ein Zombie, ganz klein und ausdruckslos. Das, was eigentlich als eine Atempause für uns gedacht war, hatte nun erneut für noch größeren Stress gesorgt.

Nach der Schule/Eskalationen im Familienleben

Die Schulzeit ging nun zu Ende. Uns war schon seit langem klar, dass für Daniel nur eine Beschäftigung in einer Behindertenwerkstatt in Frage kam.

Schon in der 8. Klasse hatte man an seiner Schule ein Programm durchgeführt, anhand dessen die Stärken und möglichen Arbeitsmöglichkeiten für die Schüler ermittelt werden sollten. Auch Daniel hatte daran teilgenommen. Stattgefunden hatte es im Rahmen einer Projektwoche in einem Berufsbildungswerk in Zusammenarbeit mit dem Arbeitsamt. Zur Abschlussbesprechung waren die Lehrerin, Daniel und ich eingeladen. Die Betreuerin der Maßnahme versuchte mir ganz vorsichtig zu vermitteln, dass bei Daniel nun wirklich nicht viele Fertigkeiten vorhanden wären und er wohl kaum auf dem 1. Arbeitsmarkt zurechtkäme. Sie war sehr erleichtert, als ich ihr signalisierte, dass uns dies aufgrund der Behinderung unseres Sohnes ja längst klar war, und wurde viel offener im Gespräch. Ich glaube, Daniels Lehrerin hat hier erstmals richtig verstanden, dass Daniel tatsächlich etliche Einschränkungen hat und behindert ist.

Nach der Auswertung dieser Projektwoche kam eine Dame vom Arbeitsamt in die Schule, um die weiteren Möglichkeiten für jeden einzelnen Schüler zu besprechen. Da unser Fall für eine Lernbehindertenschule sehr außergewöhnlich war und dementsprechend mehr Zeit brauchte, verlegten wir unseren Termin gleich ins Amt. Die Dame war sehr aufgeschlossen für die Problematik FAS, auch wenn sie nicht viel darüber wusste. Sie leitete gleich die weiteren Schritte ein, z. B. die medizinische und psychologische Begutachtung. Es war allen klar, dass es auf eine Beschäftigung in einer Werkstatt für behinderte Menschen hinauslaufen würde. Und dies ergab dann auch das Gutachten. Somit war nach der Schule der Weg für Daniel vorgezeichnet und alles bereits früh genug vorbereitet. Wir hofften, dass nun alles reibungslos funktionieren würde.

Daniel sollte nach der Schule möglichst direkt und ohne langen Leerlauf in die Werkstatt eingegliedert werden. Wir stellten ihn in der Werkstatt vor, besorgten die nötigen Papiere usw. Auch ein Fahrdienst wurde rechtzeitig geordert. Alles war gut vorbereitet, um zügig nach der Schulentlassung losgehen zu können.

Aber am Tag der Schulentlassung gab es eine neue Überraschung. Daniel nutzte die Entlassungsfeier, um wieder einmal wegzulaufen. Da wir ihn als Eltern an so einem wichtigen Tag begleitet hatten, konnten wir ihm diesmal gleich folgen. Er flüchtete sich ins Jugendamt zu unserem Sachbearbeiter. Dort zog er dann alle Register, beleidigte, beschimpfte und bedrohte mich, beschimpfte und bedrohte Klaus auf ganz üble Weise und auch zwei Mitarbeiter des Jugendamtes blieben von ihm nicht verschont. Das Ganze eskalierte so sehr, dass wir ihn an diesem Tag nicht mit nach Hause nehmen konnten.

Er wurde vom Jugendamt vorübergehend in einer Notaufnahmestelle untergebracht. Dort sollte er nur für ein paar Tage bleiben, bis sich die Situation wieder etwas beruhigt hatte. Wir wussten alle, dass das keine gute Lösung war, aber es war in diesem Moment die einzige Möglichkeit. Da auch wir etwas zur Ruhe kommen mussten, sprang Oskar ein und kümmerte sich in diesem Heim um Daniel. Auch er war der Meinung, dass der Aufenthalt nur so kurz wie eben möglich gehalten werden sollte; die Mitarbeiter dort waren mit einem Jugendlichen wie Daniel überfordert. Daniel selbst weinte und wollte wieder nach Hause. Wir setzten auch bereits alle Hebel in Bewegung, um Daniel dort wieder herauszuholen.

Nach drei Tagen stand unser Sohn dann plötzlich vor unserer Tür. Es ging ihm offensichtlich sehr schlecht. Er trug noch dieselben Sachen wie vor drei Tagen, ich denke, gewaschen hatte er sich auch nicht. Es war auch bestimmt nicht hilfreich, dass er ganz alleine unterwegs sein konnte, wie er es wollte. Die Erklärung des Heims war, sie könnten für Daniel keine Ausnahmen machen, alle Jugendlichen dort hätten natürlich Ausgang. Das Jugendamt hätte das auch gewusst, und sie hätten nur deshalb zugestimmt, Daniel aufzunehmen, weil es nur kurzfristig sein sollte. Dauerhaft könnten sie das nicht leisten. Ich wollte Daniel auf keinen Fall dorthin zurückkehren lassen. Beim Jugendamt war niemand zu erreichen. Also traf ich alleine die Entscheidung, dass Daniel wieder bei uns verblieb, ich hatte schließlich die Vormundschaft. Daniel war froh, dass er wieder zu Hause bleiben konnte. Dem Heim teilte ich meine Entscheidung telefonisch mit. Oskar half erneut aus und holte Daniels Sachen dort ab. Der von mir erwartete Ärger mit dem Jugendamt blieb aus, also alles wieder auf null.

Gleichzeitig suchten wir immer noch nach einer Lösung für Daniels psychiatrische Probleme. Die Wutattacken und das Weglaufen waren nach wie vor an der Tagesordnung. Ich wollte mich nicht damit abfinden, dass das nun so bleiben sollte. So war ein Familienleben praktisch unmöglich für uns alle. Das Jugendamt hatte keine Hilfe oder gar Lösung parat. Ich suchte und fand eine Klinik, die bereit war, Daniel für einen längeren Zeitraum aufzunehmen. Also mussten wir die Werkstatt erst einmal hintenanstellen, denn gerade in der Anfangsphase wäre eine längere Fehlzeit nicht möglich gewesen.

Daniel war drei Monate in der Klinik. Man war aufgeschlossen gegenüber seiner Behinderung und den damit verbundenen Problemen, die Epilepsie und die ständigen Ausraster waren gleichzeitig Grund genug, ihn aufzunehmen. Aber man sagte uns auch schon recht bald, dass man zwar versuche, ihn etwas zu stabilisieren, letztlich würde man aber wohl nicht viel ändern können, denn die Hirnschädigung wäre nun einmal vorhanden. Das war uns ja auch bewusst.

Dennoch konnte man zumindest eines für ihn tun. In der Psychiatrie war er auf ein Beruhigungsmittel eingestellt worden, das er seitdem schon einige Monate als Dauermedikament erhielt. Dieses Medikament macht bei längerem Gebrauch abhängig, das war mir damals nicht bekannt. An dieser Klinik konnte man es kontrolliert wieder ausdosieren. Für uns alle war der Klinikaufenthalt auch eine Atempause. Die Empfehlung der Ärzte war aber eindeutig. Auf Dauer würde es in den engen Grenzen der Familie nicht mehr gehen. Daniel brauchte dringend einen Platz in einer entsprechend aufgestellten Einrichtung.

Doch so ein Platz war nicht einfach zu finden, schließlich sollte dort dann ja auch alles stimmen und Daniel adäquat betreut werden. Das Jugendamt, das zu diesem Zeitpunkt noch für uns zuständig war, konnte uns gar nichts anbieten, höchstens Wohnplätze in ganz normalen Jugendeinrichtungen. Dort war Daniel mit seiner Behinderung aber sicher nicht gut platziert.

Also mussten wir irgendwie weitermachen. Daniel fiel schnell wieder in seine bekannten Verhaltensweisen zurück. Für ihn war die Situation ja auch extrem schwierig. So vieles änderte sich gerade, die Schule war zu Ende, er sollte in die Werkstatt gehen, er war lange in der Klinik und jetzt sollte er auch noch woanders wohnen. Wie sollte er das denn alles verarbeiten?

Um eine ordentliche Tagesstruktur aufrechterhalten zu können, sorgten wir zunächst einmal dafür, dass Daniel so schnell wie möglich wieder in die Werkstatt für behinderte Menschen eingegliedert wurde. Er wurde mit dem Fahrdienst von Tür zu Tür transportiert. Aber schon nach kurzer Zeit gab es Schwierigkeiten in der Werkstatt und Beschwerden über Daniel. Er hatte bereits durch die Überforderung in der Schulzeit eine massive Anstrengungsverweigerung entwickelt, die nun auch in der Werkstatt zum Tragen kam, wenn Anforderungen an ihn gestellt wurden. Auch dort reagierte er auf zu viel Stress mit Verweigerung oder Weglaufen. Letztlich dauerte es nicht lange und er wurde entlassen und vorerst als nicht werkstattfähig eingestuft.

Er hatte bereits durch die Überforderung in der Schulzeit eine massive Anstrengungsverweigerung entwickelt, die nun auch in der Werkstatt zum Tragen kam, wenn Anforderungen an ihn gestellt wurden. Auch dort reagierte er auf zu viel Stress mit Verweigerung oder Weglaufen.

Die Entlassung aus der Werkstatt bedeutete für mich, dass ich Daniel nun 24 Stunden am Tag zu Hause hatte. Er hatte gar keine Beschäftigung mehr, auch keinen Antrieb, irgendetwas zu tun. Er half ein wenig im Haushalt, aber nur wenn es ihm gerade gut ging. Immerhin ging er noch zur Fußballgruppe in der Behinderteneinrichtung, und auch Oskar war noch da und nahm ihn mir immer wieder für ein paar Stunden ab. Kostbare Stunden für mich, um ein wenig Ruhe zu finden. Oft war ich so erschöpft, dass ich tatsächlich in dieser Zeit schlief. Aber letztlich war ich die meiste Zeit mit Daniel zusammen, und ich musste auch die meisten seiner Ausraster aushalten. Ich war gleichzeitig diejenige, die ihm ständig Dinge verbieten musste, aber auch die, die ihn trösten musste, wenn es ihm nicht gut ging, die an seinem Bett sitzen musste, wenn er böse Träume hatte.

Unser Familienleben war inzwischen hoch belastet. Daniel hatte immer wieder heftige Ausraster und lief häufig weg. Er fühlte sich zu sehr eingeengt, wollte seine Freiheit. Dass dies nicht ging und die Einschränkungen nur seinem Schutz dienten, konnte er nicht sehen. Einmal, als er wieder weggelaufen war, hatte die Polizei ihn relativ schnell wieder eingesammelt. Die Beamten brachten ihn nach Hause. Sie berichteten mir, dass er schon im Streifenwagen recht ausfallend geworden war, und empfahlen mir, gut auf ihn aufzupassen und am besten die Tür zu verschließen, damit er nicht wieder weglaufe. Daniel reagierte mit extremer Wut, er beschimpfte und beleidigte die Beamten und mich. Auf einmal, ganz plötzlich und ohne erkennbaren Ansatz, versuchte er nach der Waffe des einen Polizisten zu greifen. Die Beamten hielten ihn daraufhin fest und zeigten ihm, was mit Leuten passiert, die einen Polizisten angehen.

Nachdem die Beamten gegangen waren, verabreichte ich Daniel ein Beruhigungsmedikament, das ich für solche Fälle vom Arzt bekommen hatte, und schickte ihn in sein Zimmer. Er war ja eigentlich auch ganz fertig, schaffte es aber nicht runterzufahren. Ich hörte dann laute Musik aus seinem Zimmer. Das war eigentlich ein gutes Zeichen, denn mit Musik konnte er sich beruhigen. Ich hoffte, er würde dann einschlafen. Nach einer Weile war auch außer der Musik nichts mehr zu hören. Als ich dann auf den Balkon ging, sah ich, dass sein Fenster weit geöffnet war. Da ich der Nachbarschaft die extrem laute und für meine Begriffe unmögliche Musik – mich machte diese Art der Musik eher aggressiv – nicht zumuten wollte, ging ich in Daniels Zimmer, um das Fenster zu schließen.

Das Zimmer war leer! Daniel war nicht da! Es war ganz unmöglich, dass er sich hinausgeschlichen hatte, denn zum einen hatte ich den Flur die ganze Zeit im Blick gehabt, zum anderen hatte ich die Eingangstür abgeschlossen. Aber er war nicht da! Es gab nur eine Erklärung, er musste aus dem Fenster gesprungen sein, aus der 1. Etage, direkt über dem Kellerabgang. Mir wurde ganz schlecht. Immerhin stand er doch unter starken Medikamenten, die ihn sedierten. Aber auch draußen war keine Spur von ihm zu sehen. Es blieb mir nichts anderes übrig, als erneut die Polizei einzuschalten. Später bestätigte Daniel, dass er einfach aus dem Fenster gesprungen war. Die Gefahr hatte er nicht erkannt. Er musste einen guten Schutzengel gehabt haben, denn ihm war nichts weiter passiert, er hatte nur ein paar Tage Rückenschmerzen.

Die Konsequenz für uns hieß: Wir benötigten abschließbare Fenstergriffe.

Unsere Wohnung glich inzwischen einem Hochsicherheitstrakt und ich kam mir vor wie ein Gefängniswärter. Auch für Klaus war die Situation höchst belastend, wusste er doch nie, was er nach der Arbeit zu Hause vorfinden würde. Unsere Kinder litten ebenfalls sehr. Ben war bereits vor einiger Zeit ausgezogen und lebte mit seiner Freundin zusammen. Er bekam alles nicht mehr ganz so unmittelbar ab. Aber die beiden anderen erlebten manche Situation hautnah mit. Gott sei Dank hatten wir schon vor einigen Jahren eine zweite kleine Wohnung im

Haus gemietet, wo zuerst die beiden großen Jungen und nach Bens Auszug dann auch Johanna ihr eigenes Reich hatten. So gab es wenigstens einen Rückzugsort für Fabio und Johanna, wenn wieder alles eskalierte. Aber so konnte es doch nicht weitergehen!

Erste Erfahrungen mit der Psychiatrie

Unmittelbar nach dem Aufenthalt in der Behinderteneinrichtung mussten wir Daniel wieder ins Krankenhaus einliefern, weil er heftige Anfälle hatte. Im Krankenhaus kamen dann völlig neue Symptome hinzu, die Anfälle veränderten sich. Die Ärzte sprachen von psychisch bedingten Anfällen. Sie zogen einen Psychiater hinzu. Man fragte nach, ob Daniel in letzter Zeit vielleicht starkem Stress ausgesetzt gewesen wäre, denn das könnte eine Erklärung für diese neue Form der Anfälle sein. Ich berichtete von der Kurzzeitpflege, sie könnte wirklich der Auslöser gewesen sein. Es war die Rede von einer aufgepfropften Psychose. Ich machte mir insgeheim Vorwürfe, dass ich Daniel dorthin gegeben hatte. Ich fühlte mich schuldig daran, dass er nun wieder mit neuen Problemen zu kämpfen hatte. Man machte mir aber Hoffnung, dass das wieder weggehen würde. Er wurde in die Psychiatrie verlegt. Es war wohl nun tatsächlich so, dass er zwei verschiedene Arten von Anfällen hatte: epileptische, die nach wie vor trotz Medikation vorkamen, und psychogene.

Nach seiner Entlassung aus der Psychiatrie wurden seine unvermittelten Ausraster schlimmer und häufiger. Er lief auch immer wieder von zu Hause weg und musste von der Polizei gesucht werden. An manchen Tagen merkte er selbst, dass es ihm nicht gut ging. Dann bat er mich, die Tür abzuschließen, damit er nicht weglaufen konnte. Es schien ihm zu helfen, dass er gar keine Möglichkeit mehr hatte. Dann musste er auch nicht darüber nachdenken. Gegen die Wutanfälle aber gab es nach wie vor kein Mittel. Außerdem hatte er sich in der Psychiatrie auch noch so einiges abgeguckt, was er nun zu Hause auslebte: z. B. Aggressionen, Tötungsphantasien, Wahnvorstellungen, unwillkürliche Bewegungen mit den Händen (ich kann nichts dazu!). Er fing an, sich zu ritzen und verweigerte teilweise die Nahrung. Auch die nächtlichen Träume wurden schlimmer.

Er fing an, sich zu ritzen und verweigerte teilweise die Nahrung. Auch die nächtlichen Träume wurden schlimmer.

Und dann passierte es tatsächlich. Daniel hatte wieder eine seiner unvermittelten Wutattacken. Aber diesmal blieb es nicht bei Schreien, Schimpfen und Sichaufbauen, er versuchte mich zu attackieren, wobei er nach einem herumliegenden Küchenmesser griff. Ich war völlig geschockt, kaum fähig zu reagieren. Daniel brach anschließend weinend zusammen. Ich war in diesem Moment nicht in der Lage, ihn in den Arm zu nehmen. Was sollte ich nun tun? Mein Mann war während der Arbeitszeit nicht zu erreichen. Ich brauchte aber ganz schnell jemanden zur Unterstützung, jemanden, der nicht lange fragte, sondern die Gegebenheiten kannte und handeln konnte, der aber auch mit Daniel vertraut war. Ich rief Oskar an, er kam sofort. Er kümmerte sich zuerst um den immer noch völlig verstörten Daniel. Dann überzeugte er mich, dass wir Daniel jetzt sofort in die Kinder- und Jugendpsychiatrie bringen mussten. Dort wurde dann noch eins draufgesetzt, zumindest, was mich betraf. Man wollte Daniel nicht aufnehmen, tat alles ab als pubertäres Gebaren und mich als überdrehte Mutter. Wir saßen drei Psychiatern gegenüber, die auf uns einredeten, hauptsächlich auf mich, denn ich war ja schuld an der Eskalation, das wussten die Ärzte natürlich sofort. Sie erklärten mir, Daniel bräuchte mehr Freiraum, ich dürfte ihn nicht so einschränken. Erklärungen waren sinnlos. Daniel strahlte, verstand das so, dass er ab sofort alles machen durfte, was er wollte. Mittendrin meinte er: „Wir können jetzt gehen, ich will noch ins Jugendzentrum." Er wirkte inzwischen auch wieder völlig harmlos, der Schalter war wieder umgelegt.

Ich hielt es in dem Raum nicht mehr aus, musste da sofort raus. Oskar versuchte den Ärzten aus seiner fachlichen Sicht klarzumachen, worum es ging. Einer der Ärzte war mir gefolgt. Er unterhielt sich jetzt doch ernsthaft mit mir und schien zu merken, dass mehr dahintersteckte als Pubertätsprobleme. Wir gingen gemeinsam in den Raum zurück. Oskar sagte mir später, er hätte es dem Arzt angesehen, als wir wieder hereinkamen, dass Daniel nun aufgenommen würde. Scheinbar bemerkte auch Daniel die Veränderung. Er flippte völlig aus, schrie und schimpfte, schmiss mit Gegenständen nach mir und den Ärzten. Er war plötzlich nicht mehr zu bändigen. Die Ärzte waren völlig überrascht, aber Daniel wurde nun aufgenommen.

Ich habe mich noch nie zuvor in meinem Leben so verloren gefühlt. Ich war total durcheinander, gestresst von den Ärzten, fühlte mich abgewertet als schlechte und überdrehte Mutter, hatte gleichzeitig Angst um mein Kind, wusste einfach nicht mehr weiter. Oskar spürte das. Er brachte mich nach Hause und blieb bei mir, bis mein Mann von der Arbeit kam.

Bereits am nächsten Tag rief mich der behandelnde Psychiater an und forderte ein, dass ich Daniel besuchen müsste. Der Junge bräuchte die Sicherheit, dass ich für ihn da wäre. Obwohl ich selbst das Ganze noch nicht verarbeitet hatte und immer noch nicht mit der Situation zurechtkam, fuhr ich ins Krankenhaus. Ich wollte ja auch selbst sehen, ob es Daniel besser ging. Dort schickte man mich einfach alleine mit Daniel in den Ausgang, nach allem, was am Vortag passiert war. Ich war damals nicht in der Lage, mich dagegen zu wehren, aber in der Nachschau halte ich dieses Vorgehen der Ärzte für unverantwortlich.

Man stellte im Laufe des Aufenthaltes fest, dass Daniel tatsächlich geistig behindert war und etliche Probleme mit sich herumtrug. Hätte man mir besser zugehört, hätte man das schon vorher wissen können. Nun gut, ich war nun nicht mehr die überdrehte Mutter, aber dem Jungen konnte man auch dort nicht wirklich helfen. Man gab ihm Medikamente, stellte ihn ruhig. Aber konnte das die Lösung sein? Ich war mit der Situation gar nicht zufrieden. Außerdem hörten die Wutattacken und die Weglauftendenz auch mit den Medikamenten nicht auf. Daniel nutzte jede Gelegenheit, um wegzulaufen.

Übergriffe auf mich kamen noch ein paar Mal vor. Seltsamerweise gewöhnt man sich auch an solche Ausnahmesituationen und lernt, damit umzugehen. Wenn Daniel derart ausrastete, war sein Gehirn in dieser Sekunde außer Betrieb. Ich musste es also irgendwie wieder einschalten. Oskar gab mir einige Strategien an die Hand:

Strategien gegen Daniels Wutattacken:
- auf Aggressionen nicht eingehen
- ruhig bleiben, nicht laut werden
- nicht anfassen
- durch banale Fragen/absurde Äußerungen ablenken

Auf keinen Fall auf die Aggression eingehen oder gar selbst laut werden, auf keinen Fall anfassen. Dagegen konnte es hilfreich sein, eine ganz banale Frage zu stellen, z. B.: „Ist heute Mittwoch?“ oder „Regnet es draußen?“ Unser Gehirn ist darauf programmiert, auf Fragen zu antworten, könnte also in diesem Fall wieder anspringen, und Daniel wäre wieder ansprechbar. Eine andere Möglichkeit war es, etwas ganz und gar Verrücktes zu sagen, z. B.: „Schau mal, der Himmel ist ganz grün.“ Oder: „Ist da nicht gerade ein Schwein vorbeigeflogen?“ Auch das kann das Gehirn wieder in Gang setzen.

Eine andere Mutter, die ähnliche Probleme mit ihrem Kind hatte, erzählte mir, dass sie, als ihr Kind wieder einmal mit einem Messer in der Hand vor ihr stand, ganz spontan gesagt habe: „Ach Mann, immer diese Messer, nimm doch mal eine Gabel." Dieser Satz habe die Situation entspannt.

Ärger mit den Ämtern

Es musste dringend etwas geschehen, sonst würden wir alle an der Situation zerbrechen. Ich war mit der Einrichtung im Gespräch, in der Daniel Fußball spielte. Da er dort auch seine Schulpraktika gemacht hatte, kannte man ihn gut. Man konnte sich vorstellen, ihn dort aufzunehmen, aber natürlich war nicht sofort ein Platz frei. Diese Einrichtung hatte sowohl Plätze als Jugendeinrichtung als auch als Behinderteneinrichtung, d. h., als Kostenträger kam entweder das Jugendamt oder der überörtliche Sozialhilfeträger infrage.

Ich dachte für Daniel eher an die Jugendhilfe, da dort die Strukturen enger waren. Daniel war zwar inzwischen 18 Jahre alt, aber von seiner Entwicklung her war er doch eher noch kindlich. Unser zuständiger Sozialarbeiter vom Jugendamt unterstützte mich in dem Bestreben, Daniel in dieser Einrichtung im Jugendbereich unterbringen zu wollen. Solange Daniel bei uns lebte, war ohnehin noch das Jugendamt für uns zuständig.

Trotzdem stellte ich, auf Anraten unseres Jugendamtsmitarbeiters, noch bevor Daniel 18 Jahre alt wurde, auch einen Antrag auf Eingliederungshilfe beim zuständigen Sozialhilfeträger, da Daniel unter anderem geistig behindert war. Der aber wurde abgelehnt und die Zuständigkeit dem Jugendamt zugeordnet, da Daniel seelisch behindert war. Damit ging ich davon aus, dass wir nur noch auf einen Platz in der Einrichtung warteten.

Als nun die Ankündigung kam, dass in absehbarer Zeit ein Platz zur Verfügung stehen würde, atmeten wir auf. Ich informierte unseren Jugendamtsmitarbeiter und war überzeugt, dass nun alles seinen Gang gehen würde. Aber es kam ganz anders! Plötzlich teilte das Jugendamt uns mit, dass sie nicht bereit waren, die Kosten für die stationäre Unterbringung für Daniel zu tragen. Sie wären nicht zuständig, Daniel wäre geistig behindert, deshalb müsse er Eingliederungshilfe bekommen, nicht Jugendhilfe. Mir zog es fast den Boden unter den Füßen weg. Seit ungefähr einem Jahr hatte ich zusammen mit dem Sachbearbeiter darauf hingearbeitet, dass wir einen passenden Heimplatz für Daniel finden. Die Finanzierung war nie infrage gestellt worden. Und nun das.

Mir wurde angeraten, einen entsprechenden Antrag beim Sozialhilfeträger zu stellen. Das hatte ich doch aber schon vor einem halben Jahr gemacht, mit negativem Bescheid. Ich war ratlos und maßlos wütend. Ob der Unsicherheiten stand dann auch der Platz nicht mehr zur Verfügung. Diese Chance war zunächst einmal vertan. Nun hatte ich zusätzlich zu all dem Stress zu Hause, für dessen Bewältigung ich eigentlich all meine Kraft brauchte, auch noch den Kampf mit zwei Behörden vor mir, von denen eine auf die andere verwies. Schlimmer noch, das Jugendamt wollte die Hilfe plötzlich ganz einstellen.

Ich wollte mir das nicht gefallen lassen. Ich schrieb an den Oberbürgermeister und den Sozialdezernenten der Stadt. Auch dem Jugendamtsleiter schrieb ich einen sehr bösen Brief, in dem ich auch gleich klarmachte, dass ich mich an die Gerichte wenden würde, noch aber gesprächsbereit wäre. Die Einladung zu einem Gespräch ließ nicht lange auf sich warten. Und siehe da, es gab doch noch eine Möglichkeit. Man könnte ja vielleicht in Vorleistung treten und dann innerhalb der Ämter die Zuständigkeit klären. Warum denn nicht gleich so? Aber der Platz war nun erst einmal weg, wir mussten erneut warten.

Auf Anraten der Einrichtung nahm ich gleichzeitig auch Kontakt zum Sozialhilfeträger auf und schilderte dort die verfahrene Situation. Dort fackelte man zu meinem Erstaunen ebenfalls nicht lange und sicherte mir zu, die Kosten für eine Heimunterbringung von Daniel im Rahmen der Behindertenhilfe zu übernehmen. Sicherheitshalber ließ ich mir dies gleich schriftlich geben, auf mündliche Zusagen wollte ich mich nach meinen Erfahrungen nicht mehr verlassen. Nun hatte ich plötzlich anstelle der zwei Ablehnungen zwei Zusagen, die eine unter dem Vorbehalt der internen Abstimmung der Ämter untereinander. Ich fragte mich ernsthaft, warum so ein Spektakel hatte sein müssen.

Kurzfristigen Ärger gab es auch noch einmal mit dem Versorgungsamt. Als Daniel 18 Jahre alt war, stand die erneute Überprüfung seiner Schwerbehinderung an. Ich machte mir keine großen Gedanken, es hatte sich ja nichts geändert. Ich schickte die notwendigen Unterlagen ein und wartete ganz gelassen auf den Bescheid.

Der kam dann auch und war etwas kurios in meinen Augen. Man hatte den Grad der Behinderung von bisher 90 % auf nun 100 % erhöht, und zwar rückwirkend ab der letzten Überprüfung mit ca. 16 Jahren. Das Merkzeichen H blieb erhalten. Aber die Merkzeichen G und B wurden aberkannt. Also hatte sich, so wie ich es verstand, die Behinderung als solche verschlimmert, deshalb die Erhöhung der Prozente, und gleichzeitig sollte eine Verbesserung eingetreten sein, weshalb die beiden Merkzeichen G und B nicht mehr zuerkannt wurden. In knapp zwei Jahren sollte dann erneut eine Überprüfung stattfinden.

Bei FAS handelt es sich um eine irreversible und nicht heilbare vorgeburtliche Hirnschädigung, eine Verbesserung ist nicht zu erwarten.

Ich war mit dem Bescheid so nicht einverstanden. Also habe ich wieder einmal einen Widerspruch formuliert und gleich noch einen ganz aktuellen Arztbericht dazugelegt. Meine Einwände hatten Erfolg. Daniel bekam nun die 100 % mit allen Merkzeichen zugestanden und auf weitere Überprüfungen wurde verzichtet, der Ausweis ist unbegrenzt gültig. Man war auch hier meiner Argumentation gefolgt, dass es sich bei FAS um eine irreversible und nicht heilbare vorgeburtliche Hirnschädigung handelt und somit keine Verbesserung zu erwarten ist.

Durch die Volljährigkeit von Daniel waren wir nun nicht mehr seine Vormünder. Aber wir hatten rechtzeitig vorgesorgt. Bereits ein halbes Jahr vor seinem 18. Geburtstag hatten wir einen Antrag auf umfassende rechtliche Betreuung gestellt. Ein psychiatrisches Gutachten wurde erstellt und die Betreuung in allen denkbaren Bereichen eingerichtet. Auf Daniels Wunsch wurde ich selbst als Betreuerin eingesetzt. Mein Mann wurde als Ersatzbetreuer bestimmt, sodass sich für Daniel eigentlich nicht wirklich etwas änderte. Dies entsprach auch alles seinen Wünschen, denn trotz seines immensen Freiheitsdranges wusste er schon, dass er in vielen Dingen noch Hilfe benötigen würde. Und er wollte auf keinen Fall, dass fremde Leute über ihn bestimmen sollten. Zum Glück wurde auch gleich ein Einwilligungsvorbehalt angeordnet, sodass ich immer wieder Handyverträge, Zeitungsabonnements, Einkäufe bei Versandhäusern und dergleichen rückgängig machen konnte. Sonst wäre Daniel heute auch noch hoch verschuldet.

Da wir nun sowohl das Aufenthaltsbestimmungsrecht als auch das Recht zur Vertretung bei Ämtern und Behörden innehatten, hieß dies für die Ämter, dass sie weiterhin mit uns als Bevollmächtigten verhandeln mussten. Vorsorglich hatten wir auch zusätzlich den Bereich „Heimangelegenheiten" in die Betreuung mit aufnehmen lassen. Somit lief der Versuch, uns für nicht mehr zuständig zu erklären, ins Leere.

Eskalation und Übergang ins Wohnheim

Zu Hause ging der tägliche Wahnsinn weiter. Wir lebten wie auf einem Vulkan, der jederzeit ausbrechen konnte und dies auch wiederholt tat. Und dann passierte es wieder.

Ich war, wie so oft, mit Daniel alleine zu Hause. Er war ganz normal, half mir im Haushalt, wir scherzten und lachten miteinander. Er ging in sein Zimmer und wollte Musik hören. Nach nicht einmal einer Minute kam er völlig verändert aus dem Zimmer gestürmt. Er schrie rum, beschimpfte mich wieder auf das Übelste, stellte völlig überdrehte und unrealistische Forderungen auf, drohte und gebärdete sich wie toll. Ich versuchte, so ruhig wie möglich zu bleiben und bloß nicht auf die Aggression einzugehen. Aber dies machte ihn nur noch wütender. Auch Ablenkung mittels paradoxer Intervention funktionierte dieses Mal nicht. Schließlich ging er auf mich los und würgte mich. Ich konnte ihn abschütteln, aber ich hatte in diesem Moment zum ersten und einzigen Mal wirklich Angst vor meinem Kind. Ich sah in diese Augen, die nicht die Augen waren, die ich kannte, ich sah ein verzerrtes Gesicht. Dieser Mensch, den ich da gerade vor mir hatte, war mir völlig fremd. Der hatte nichts mehr gemein mit meinem Sohn. Ich reagierte instinktiv und setzte ihn vor die Tür, um die Gefahr erst einmal zu bannen.

Nachdem ich mich etwas beruhigt hatte und wieder etwas klarer denken konnte, stellte sich die Frage, was nun zu tun war. Ich hatte ihn rausgeschmissen, so weit, so gut. Aber das war ja nicht die Lösung. Beim Jugendamt meinte man nur, einfach mal nicht wieder hineinlassen, dann würde er schon zur Vernunft kommen. Nein, würde er nicht, das verhinderte doch seine Behinderung! Eigentlich hatte ich mir dort Hilfe erhofft.

Mein Mann kam kurz nach dem Vorfall von der Arbeit nach Hause. Ich war nun nicht mehr alleine. Wir berieten uns und kamen zu dem Schluss, dass wir Daniel am besten zunächst einmal notfallmäßig in die Psychiatrie bringen müssten. So weit, so gut. Aber wo war Daniel jetzt, wie bekamen wir ihn nun wieder? Der Zufall half uns. Daniel war gar nicht weit weg. Er war zu einem Jugendlichen aus der Nachbarschaft gegangen und rief nun an, weil er seine Sachen holen wollte.

Dies nutzten wir, damit er zurückkam. Statt ihn mit seinen Sachen zu versorgen, brachten wir ihn aber ins Krankenhaus. Dort hatten wir vorher schon angerufen und geklärt, dass er auch aufgenommen würde. Ich wollte schließlich nicht noch einmal so ein Drama bei der Aufnahme erleben. Alles, was Daniel selbst mitbekommen hatte, schien zu sein, dass ich ihn rausgeschmissen hatte. Alles andere wusste er nicht oder hatte es verdrängt. Er war völlig empört, dass ich ihn erst weggejagt hatte und ihn dann in die Psychiatrie brachte. Erst im Laufe des Psychiatrieaufenthaltes wurde ihm von den Ärzten vermittelt, was vorgefallen war und was er getan hatte. Er hat bis heute keine eigene Erinnerung an den Vorfall, er weiß nur das, was ihm erzählt worden ist.

Wie sollte es denn nun weitergehen? So etwas durfte nicht noch einmal geschehen. Die Gefahr, dass jemand zu Schaden kam, war viel zu groß. Wir suchten eine Möglichkeit, Daniel sofort unterzubringen. Eine Rückkehr in unseren Haushalt schlossen wir aus. Wir wollten ihn nicht aufgeben, wollten auch seine Eltern bleiben und ihn auch in einer Einrichtung weiter begleiten, aber ein häusliches enges Zusammenleben war unter diesen Vorzeichen nicht mehr möglich. Wir nahmen wieder Kontakt mit der Wohneinrichtung auf und schilderten unsere Notlage. Und tatsächlich konnte Daniel kurz darauf in die Einrichtung aufgenommen werden. Man hatte ihn nun als Notfall vorgezogen, weil man ja schon so lange mit uns in Kontakt war und Hilfe versprochen hatte. Wir atmeten auf. Aber Daniel konnte nun nicht wie eigentlich beabsichtigt in den Jugendbereich aufgenommen werden.

Bis zum Aufnahmetermin blieb Daniel im Krankenhaus. Wir selbst brachten ihn dann zu seinem neuen Wohnort. Er bekam ein Zimmer in einer Wohngruppe, wir hatten ihm seine technische Ausstattung und alles, was man so braucht, um sich wohlzufühlen, von zu Hause mitgebracht. Und da war er nun. Ob er das alles in dem Moment ganz verstanden hatte, konnte man nicht sagen. Aber so war es nun und gut.

Wir hatten jetzt die Hoffnung, dass das Leben für uns alle, auch für Daniel selbst, ruhiger werden würde. Aber diese Hoffnung erfüllte sich leider nicht. Daniel forderte und bekam in der neuen Wohngruppe sofort die Freiheiten, die er sich so wünschte. Hatte man uns denn nicht zugehört? Ich versuchte in Gesprächen klarzumachen, dass Daniel viel Struktur und Anleitung brauchte, dass er in vielen Dingen noch wie ein Kind war. Ich stieß auf taube Ohren. Ich sollte mal jetzt die „Profis" machen lassen, sie kannten sich schließlich aus. Auch Oskar, der ja nun über drei Jahre mit Daniel gearbeitet hatte, bot an, den Mitarbeitern aus seiner Sicht zu schildern, was bei Daniel besonders zu beachten war. Dies wurde abgelehnt. Ein großer Minuspunkt für Daniel war natürlich, dass er Oskar verlor. Eine solche Einzelfallhilfe war im stationären Wohnen in der Behindertenhilfe nicht mehr vorgesehen und wurde nicht übernommen.

Es dauerte gar nicht lange, da stießen dann auch die Profis an ihre Grenzen. Daniel kam nicht zurecht mit den neuen Freiheiten, das überforderte ihn, auch wenn er das niemals hätte zugeben können. Wahrscheinlich konnte er selbst das noch nicht einmal realisieren. Er trieb sich also viel und gerne einfach so in der Stadt herum, manchmal den ganzen Tag. Die Regeln der Wohngruppe brach er immer wieder. Die Mitarbeiter waren schon nach kurzer Zeit genervt, weil man mit Daniel ja so gar nicht umgehen konnte. Daniel zeigte auch in der Wohngruppe sehr schnell aggressive Ausbrüche, wenn die Dinge nicht so liefen, wie er es sich vorgestellt hatte. Sein Zimmer verwahrloste, denn ihm nur zu sagen, dass er mal aufräumen müsste, reichte bei einem Menschen wie Daniel nicht aus. Er hätte hier intensive Anleitung und Unterstützung gebraucht. Seine Sachen verschwanden auch im Laufe der Zeit, was mit Achselzucken von den Mitarbeitern kommentiert wurde. Dann müsste er eben besser aufpassen und sein Zimmer abschließen, wenn er nicht im Haus war. Daniel hatte bisher in einer Familie gelebt, er war es nicht gewöhnt, seine Sachen wegzuschließen.

Sein Zimmer verwahrloste, denn ihm nur zu sagen, dass er mal aufräumen müsste, reichte bei einem Menschen wie Daniel nicht aus.
Er hätte hier intensive Anleitung und Unterstützung gebraucht.

Schließlich wurde beschlossen, dass Daniel intern die Wohngruppe wechseln sollte. In der neuen Wohngruppe lebten mehr jüngere Leute und, viel wichtiger, es sollte dort engere Strukturen und striktere Regeln geben. Man meinte, diese Gruppe wäre wohl passender für Daniel. Also zog er um. Wieder richteten wir mit ihm sein Zimmer ein, ein zweites Mal statteten wir ihn mit technischen Geräten aus. Wir wollten ihm noch einmal einen guten Start ermöglichen.

Zunächst schien es in dieser Gruppe auch tatsächlich besser zu funktionieren. Es gab in der Tat engere Strukturen und Daniel fühlte sich wohl. Aber auch in dieser

Gruppe, wie in der gesamten Einrichtung, war man nicht darauf eingestellt, dass ein Bewohner wirklich den ganzen Tag in der Gruppe war. Normalerweise fuhren die Klienten morgens in eine Werkstatt und kamen erst am Nachmittag zurück. Diejenigen, die, aus welchen Gründen auch immer, dazu nicht in der Lage waren, wurden über Tag in der internen Tagesstruktur beschäftigt. Daniel aber war weder werkstattfähig, noch konnte er in die Tagesstruktur gehen.

Eine Eingliederung in die Werkstatt war ja bereits gescheitert, als Daniel noch bei uns wohnte. Es gab dann in der Einrichtung auf Drängen des Kostenträgers noch mehrere weitere Versuche, die aber jeweils nach wenigen Tagen beendet werden mussten. Daniel war mit acht Stunden Tätigkeit einfach überfordert. Die schon in der Schule entwickelte Anstrengungsverweigerung gepaart mit schneller Überforderung und geringer Stresstoleranz führte dazu, dass vorerst an geregelte Arbeit, egal in welcher Form, für Daniel nicht zu denken war. Damit kam auch die interne Tagesstruktur für ihn nicht infrage, zumal seine Verweigerung dort auch einen Nachahmungseffekt für die anderen hatte.

Also war Daniel den ganzen Tag sich selbst überlassen. Er konnte tun und lassen, was er wollte und wann er es wollte. Keine Regeln mehr, wann er aufstehen oder zu Bett gehen musste. Er verließ unkontrolliert das Haus, kam erst abends wieder. Später blieb er auch über Nacht weg. Keiner versuchte auch nur, ihn daran zu hindern. Die Strukturen der Wohngruppe waren inzwischen ohnehin aufgebrochen worden. Unter dem Stichwort Inklusion und Selbstbestimmung konnten die Bewohner jetzt plötzlich alles selbst entscheiden, z. B. ob und wann sie essen, schlafen, duschen wollten, ob und wie oft sie ihr Zimmer reinigen wollten, ob sie sich bei Krankheit behandeln lassen wollten usw. Selbst die Einnahme der verschriebenen Medikamente konnten sie verweigern. Es wurde nur noch Wert darauf gelegt, dass sie tagsüber ihrer Arbeit nachgingen. Daniel war wieder völlig überfordert. Sein Zimmer verwahrloste total, er selbst eigentlich auch, sowohl äußerlich als auch innerlich.

Daniel war immer schon sehr naiv und verleitbar und tat alles, um seinen Freunden bzw. ganz besonders seiner jeweiligen Freundin zu gefallen. Die Freundinnen wechselten meist schnell. Er geriet an die falschen Freunde und damit an Drogen. Mit diesem Problem war die Einrichtung nun vollends überfordert. Mit den Drogen kam dann auch die Kriminalität, um eben diese Drogen

Teufelskreis:
- falsche Freunde
- Drogenproblem
- Diebstähle zur Drogenfinanzierung
- Abrutschen in die Kriminalität
- drohende Obdachlosigkeit

zu beschaffen. Daniel fing an zu stehlen. Dieser Teufelskreis war nicht mehr zu durchbrechen, Daniel stahl letztlich auch in der Einrichtung. Immer wieder hatte ich in der Vergangenheit mehr Hilfe für ihn eingefordert, engere Grenzen, mehr Beaufsichtigung, intensivere Betreuung. Immer wieder war ich auf taube Ohren gestoßen. Aber jetzt, wo die Problematik sozusagen direkt ins Haus getragen wurde, jetzt auf einmal war Daniel untragbar für die Einrichtung. Er musste weg!

Man forderte mich unmissverständlich auf, dafür zu sorgen, dass Daniel möglichst schnell die Einrichtung verließ. Hilfe von den „Profis" war dort nicht mehr zu erwarten, sie hatten Daniel bereits abgeschrieben. So stand ich nun vor der unlösbaren Aufgabe, unter Zeitdruck eine neue Wohnmöglichkeit für ihn zu finden, denn man kündigte an, dass man ihn sonst auch ohne Anschlussunterbringung entlassen würde, also in die Obdachlosigkeit.

Beziehungen zum anderen Geschlecht

Auch Menschen mit Behinderungen fangen irgendwann an, sich für das andere Geschlecht zu interessieren. Daniel machte da keine Ausnahme. Er wollte unbedingt eine Freundin haben, aber was das wirklich bedeutet, das war ihm völlig fremd. Eigentlich ging es vielmehr darum, mithalten zu können mit den anderen, nicht abseits zu stehen. So hatte Daniel dann auch ständig verschiedene Freundinnen, oder das, was er dafür hielt. Diese recht naiven ersten Beziehungen hielten nie lange und er trauerte auch keiner Beziehung wirklich nach. Aber jede Trennung wurde erst einmal als großes Drama zelebriert. Alles in allem waren das keine ernsten Beziehungen, weder von Seiten der Mädchen noch von seiner Seite aus. Alles eben noch sehr kindlich.

Doch irgendwann hatte er dann doch eine feste Freundin für eine sehr lange Zeit. Er wohnte damals schon nicht mehr in unserem Haushalt. Zuerst fand ich dieses Mädchen auch ganz nett, ich kannte sie da erst flüchtig. Sie war mit Daniel Gast bei uns im Haushalt, nahm an Familienfeiern teil und war auch Weihnachten bei uns. Sie gehörte eben zu Daniel und wurde damit ein Teil unserer Familie.

Dann aber entwickelte sich diese Beziehung in eine unerwartete und für Daniel ungünstige Richtung. Er wurde immer abhängiger von diesem Mädchen. Er tat alles, was sie von ihm wollte, und sie wusste das sehr wohl für ihre Zwecke auszunutzen. Daniel glaubte an die große Liebe. In Wahrheit wurde er von diesem Mädchen bis aufs Letzte ausgenutzt. Sie ließ sich sein ganzes Taschengeld aushändigen, sie veranlasste ihn, für sie einzukaufen oder bei Versandhäusern zu bestellen, teilweise auf falsche Namen und Adressen, bzw. sie ließ sich von ihm die Zugangsdaten für sein E-Mail-Konto geben und bestellte selbst in seinem Namen. Er war diesem Mädchen völlig verfallen. Wenn sie etwas von ihm haben wollte, so besorgte er es, und wenn er es stehlen musste. Alles, was er von uns geschenkt bekam, auch seine Geburtstags- und Weihnachtsgeschenke, landete bei ihr.

Er durfte nur mit den Leuten Umgang haben, die sie genehmigte. Sie versuchte auch, ihn von uns fernzuhalten, denn sie merkte sehr wohl, dass wir die Dinge sahen, wie sie waren, und Daniel warnten. Aber Daniel war zu diesem Zeitpunkt nicht zu helfen, er war ihr total hörig. Er ließ sich sogar von ihr schlagen. Er verbrachte viel Zeit in ihrer Familie und wurde dort ebenfalls ausgenutzt. Er musste auch dort Geld abgeben als Beitrag zum Lebensunterhalt. Da er nun selbst kein Geld mehr zur Verfügung hatte, bekam er von ihr abgezählt Zigaretten, aber nur bei Wohlverhalten. Sie konnte mit ihm machen, was sie wollte.

Einmal rief dieses Mädchen mich abends an und erzählte, dass sie Angst um Daniel hätte. Er wäre mit einem Freund nach Berlin gefahren. Ich verstand gar nichts mehr. Was sollte Daniel denn in Berlin? Ich nahm die Sache nicht ernst, zumal beide mir immer wieder wilde Geschichten erzählten. Aber einige Zeit später, es war inzwischen schon sehr spät am Abend, rief mich Daniel selbst an. Er war völlig neben sich, weinte und konnte mir erst gar nicht sagen, was los war. Dann sagte er, er wäre in Berlin, ein Freund hätte ihn mitgenommen. Aber der wäre jetzt weg und er wäre ganz alleine und wüsste nicht, wo er überhaupt wäre. Zu allem Überfluss sagte er auch noch, dass sein Handyakku gleich leer wäre. Ich konnte ihm nur den Rat geben, sich an die nächste Polizeiwache oder die Bahnhofsmission zu wenden. Er war nicht am Bahnhof und wusste auch gar nicht, wo der war. Also Polizei. Davor hatte er Angst, weil er angeblich schwarzgefahren war. Er war richtig in Panik und weinte heftig am Telefon. Dann brach die Verbindung ab.

Ich wandte mich an die Polizei bei uns vor Ort. Die Beamten kamen sofort und ließen sich alles genau erklären. Sie nahmen Kontakt mit ihren Kollegen in Berlin auf. In unserem Beisein riefen sie Daniels Freundin an und befragten sie. Sie sagte ihnen, dass Daniel nachmittags mit einem Freund mitgegangen wäre und nach Berlin fahren wollte. Mehr wisse sie auch nicht. Die Beamten sind dann zur Wohnung der Freundin gefahren. Dort haben sie Daniel vorgefunden. Die beiden haben zwar noch behauptet, er wäre gerade erst gekommen, aber das glaubte ihnen keiner mehr. Es war alles nur ein böser Scherz.

Solche unmöglichen und unglaublichen Aktionen kamen öfter vor. So gab Daniel irgendwann an, er hätte Ärger mit der „Russenmafia", würde bedroht, weil er dort Schulden hätte, und wollte Geld von uns, damit er sie bezahlen könnte. Er tauchte sogar nachts in Begleitung eines jungen Mannes bei uns auf. Dies wäre ein Schuldeneintreiber, und wenn er jetzt nicht sofort das Geld bekäme, dann würde ihm oder seiner Freundin etwas passieren. Natürlich habe ich ihm kein

Geld gegeben. Da ich mitten in der Nacht die Situation aber auch nicht einschätzen konnte und mir das alles viel zu merkwürdig war, habe ich den anderen jungen Mann des Hauses verwiesen und Daniel in die Wohnung geholt. Dann habe ich die Polizei gerufen, die auch sofort kam. Draußen war niemand mehr zu sehen. Daniel blieb bei seiner Geschichte. Er war in einem merkwürdigen Zustand, sodass ich ihn auch nicht über Nacht in der Wohnung haben wollte. Ich bat die Beamten, ihn in die Wohneinrichtung zu bringen. Aber er wollte das nicht. Er stieg nicht in das Auto, also sind die Beamten gefahren. Daniel hat noch draußen vor der Tür Krach gemacht, wollte unbedingt wieder in die Wohnung. Ich habe ihn nicht hereingelassen. Auch diese Aktion war nur ausgedacht, um irgendwie an Geld zu kommen.

Daniel konnte sich solche komplexen Geschichten nicht ausdenken, sie mussten also von seiner Freundin ausgedacht und inszeniert worden sein. Immer wieder forderte dieses Mädchen oder ihre Mutter Geld in der Wohngruppe oder von mir. Angeblich hatten sie Daniel teure Geräte geliehen, die er nicht zurückgegeben hätte, oder er hätte ihnen Sachen kaputt gemacht. Hauptsächlich ging es dabei um Elektronikartikel wie Handy, Spielekonsolen oder Laptop. Auch Daniel selbst erzählte mir am Telefon immer wieder solche Geschichten, bemerkte aber nicht, dass ich mithören konnte, wie ihm am anderen Ende alles ganz genau von seiner Freundin vorgesagt wurde, was er sagen sollte. Forderte ich Rechnungen oder die angeblich kaputten Geräte ein, kam natürlich gar nichts. Dementsprechend bekam Daniel auch kein Geld von mir. Er hatte gegenüber seiner Freundin den Fehler gemacht, zu erzählen, dass er noch ein kleines Sparbuch hatte, auf das er selbst aber wegen der Betreuung nicht zugreifen konnte. Das war wohl der Ursprung für diese Versuche.

Da alle Bemühungen, über Daniel an Geld zu kommen, letztlich an mir scheiterten, beschimpfte dieses Mädchen mich immer öfter recht übel. Normalerweise durfte Daniel immer seine Freundinnen, auch dieses Mädchen, mit zu uns bringen, wenn er uns besuchte. Aber nachdem sie mir gegenüber immer ausfallender wurde, habe ich ihr verboten, zu uns mitzukommen. Für Daniel war das schwierig, er saß nun zwischen den Stühlen. Das tat mir zwar leid, aber es ging nicht anders. Ich wollte mich doch nicht in meiner eigenen Wohnung derart behandeln lassen. Das Mädchen versuchte nun intensiv zu verhindern, dass Daniel uns besuchte und damit kurzzeitig ihrer Kontrolle entglitt. Kam er doch mal, dann nur für kurze Zeit und stand dann per Handyanrufe und SMS unter ihrer ständigen Kontrolle.

Diese Beziehung hielt leider viel länger als jede davor oder danach. Daniel driftete ja ohnehin ab, hatte überall Schwierigkeiten. Mit diesem Mädchen und ihren Freunden wurde es noch schlimmer. Selbst als er mitbekam, dass sie auch mit anderen Jungen sexuelle Kontakte hatte, schaffte sie es immer wieder, ihn weiter an sich zu binden. Irgendwann beendete sie dann die Beziehung zu Daniel. Sie hatte einen neuen Freund mit besseren finanziellen Möglichkeiten.

Für Daniel brach eine Welt zusammen. Für ihn war es die große Liebe, er hatte von Familie, gemeinsamer Wohnung und Kindern geträumt. Nun war diese Seifenblase geplatzt. Aber er erholte sich auch davon und tröstete sich mit anderen Mädchen. Nun lief es wieder wie vorher. Relativ kurze Beziehungen zu unterschiedlichen Mädchen, manchmal ging es auch hin und her. Aber bis heute gab es keine längere Beziehung mehr. Seit geraumer Zeit scheint auch das große Interesse an Beziehung bei Daniel vorbei zu sein. Er war schon sehr lange nicht mehr mit einem Mädchen zusammen.

Drogen

Schon während der Schulzeit war einige Male von den Lehrern der Verdacht geäußert worden, Daniel würde Drogen konsumieren. Wir ließen bei akutem Verdacht Tests machen, aber die waren negativ, sodass wir davon ausgingen, dass Daniels Verhalten andere Gründe haben musste. Tatsache war allerdings, dass er an und in der Schule von anderen Jugendlichen zu allerlei Unfug angestiftet wurde und später auch schon vor dem Unterricht regelrecht „umgeleitet" wurde und die Schule schwänzte. Was in dieser Zeit geschah und von wem er manipuliert wurde – und das wurde er mit Sicherheit – war nicht herauszufinden. Seine gesamte Freizeit aber fand kontrolliert statt, zu Hause, in Begleitung von Oskar oder beim Sport. Also gab es wirklich kaum Gelegenheit für ihn, Drogen zu konsumieren. Ich bin auch heute noch der Meinung, dass Drogenkonsum und damit einhergehendes ungewöhnliches Verhalten hätte auffallen müssen. Auch während seines dreimonatigen Aufenthaltes in der Kinder- und Jugendpsychiatrie gab es keine Hinweise auf Drogenkonsum. Bei Entlassung dort war Daniel bereits 18 Jahre alt. Wie auch immer, eine echte Abhängigkeit kann auf keinen Fall vorgelegen haben, aber das gelegentliche Ausprobieren von Cannabis ist durchaus möglich, sogar wahrscheinlich.

Über richtig oder falsch, gut oder böse, gefährlich oder harmlos, über all diese Dinge dachte er nicht nach, er machte einfach mit.

Eigentlich fingen die Probleme mit Drogen erst in der Zeit an, als er nicht mehr die festen Strukturen und die begleitete Freizeit hatte. Er hatte Langeweile, denn er selbst hatte keine eigenen Ideen zur Freizeitgestaltung. Er hängte sich an die falschen Freunde, wollte dazugehören und fand alles toll, was diese Freunde so trieben. Über richtig oder falsch, gut oder böse, gefährlich oder harmlos, über all diese Dinge dachte er nicht nach, er machte einfach mit. Und leider merkte er dann auch schnell für sich, dass Cannabis – damit fing es an – ihn beruhigte. Für ihn wirkte die Droge ähnlich wie früher seine Medikamente gegen die Aufmerksamkeitsstörung, die er ja seit Auftreten der Epilepsie nicht mehr bekam. Es machte ihn ruhiger und er konnte, wie er es ausdrückte, besser nachdenken, war konzentrierter. Wie also sollte er denn nun wirklich verstehen, dass das keine Lösung war, sondern seine Gesundheit schädigte? Vielleicht fand er es sogar interessant, bekam er doch immense Aufmerksamkeit durch dieses Fehlverhalten.

Er entwickelte ein merkwürdiges Phänomen. Er glorifizierte den Drogenkonsum regelrecht und brüstete sich damit, was er alles genommen hatte und wie häufig. In Kliniken gab er immer wieder Konsum an, der durch entsprechende Tests nicht bestätigt werden konnte. In Gesprächen mit Therapeuten erklärte er, dass er schon jahrelang abhängig wäre und schon als Kind mit den Drogen angefangen hätte. Die Therapeuten glaubten ihm. Üblicherweise streiten Abhängige im Allgemeinen eher ab, dass sie süchtig sind. Daniel nicht, er baute sich eine völlig eigene Wirklichkeit auf, an die er auch selbst glaubte.

Es folgte nun ein Wechselspiel von Krankenhausaufenthalt, Entlassung, erneutem Krankenhausaufenthalt. Zum Cannabis kamen Amphetamine hinzu bzw. diese ersetzten Cannabis. Auch bei den Amphetaminen empfand Daniel die beruhigende und konzentrationsfördernde Wirkung analog zu den früher gegebenen Medikamenten. Ich redete mit Ärzten und Therapeuten, versuchte ihnen klarzumachen, dass Daniel ganz anders war als ein „normaler" Suchtkranker, versuchte Daniels Behinderung zu erklären. Zwecklos. Ich versuchte es mit Spezialisten für ADHS, bat sie, Daniel zu untersuchen, um vielleicht eine erneute Eindosierung der nicht mehr gegebenen Medikamente gegen ADHS zu erreichen. Ich hoffte, dass er dann die Drogen nicht mehr brauchen würde. Vergebens. Daniel befand sich bereits in einem Teufelskreis. Fraglos bestand bei ihm ein ADHS. Aber man konnte ihm nun die entsprechenden Medikamente nicht geben, weil er drogenabhängig war. Aber er nahm doch die Drogen sozusagen als Selbstmedikation, als Ersatz. Hinzu kam bei den Ärzten noch die Angst, dass die Gabe von weiteren Medikamenten sich negativ auf die Epilepsie auswirken könnte. Die Drogen denn nicht? Wie auch immer, es gab keine Hilfe.

Daniel ging immer wieder zur Entgiftung ins Krankenhaus und wurde nach kurzer Zeit entlassen, da die rein körperliche Entgiftung dann abgeschlossen war. An der Gesamtsituation änderte sich aber nichts. Man schlug vor, er müsste eine Langzeittherapie machen, möglichst entfernt vom eigenen Wohnort, und danach dann einen kompletten Ortswechsel, damit er nicht wieder in die gewohnten Strukturen zurückkommen würde. Das hörte sich alles gut und richtig an, aber wie es funktionieren sollte, konnte mir keiner sagen.

Gleichzeitig machte die Wohneinrichtung Stress, weil sie ihn mittlerweile für untragbar hielt. Ich kämpfte mal wieder an allen Fronten gleichzeitig.

Mit viel Glück fand ich doch noch eine Klinik, die es wenigstens noch einmal versuchen wollte, Daniel zu helfen. Er bekam einen Termin zur Aufnahme. Dazu kam es dann aber nicht, weil die Wohneinrichtung die Situation nutzte, um ihn mit sofortiger Wirkung zum Zeitpunkt der Aufnahme im Krankenhaus zu entlassen.

Damit war nun passiert, was ich unbedingt hatte vermeiden wollen. Daniel war obdachlos. Ein Mitarbeiter der Einrichtung hatte ihn mit seinen zwei Plastiktüten mit Klamotten, einem Aktenordner und einem Umschlag mit dem restlichen Taschengeld für mich zur Klinik gebracht, und das war es dann. Was nun? Daniel war völlig am Ende, er verstand die Welt nicht mehr. Er hatte doch eine Therapie machen wollen, und nun wollte ihn gar keiner mehr haben. Natürlich haben wir es nicht fertiggebracht, ihn auf der Straße stehen zu lassen. Wir haben ihn erst einmal wieder bei uns aufgenommen.

Durchs Raster gefallen

Wie hatte es so weit kommen können? Ich suchte ja schon so lange nach einer neuen Wohnmöglichkeit, aber ohne Erfolg. Das war der Einrichtung auch bekannt.

Daniel war durch die Komplexität seiner Beeinträchtigungen nicht in eine Schublade zu stecken, wie im Sozialsystem vorgesehen.

Daniel war durch die Komplexität seiner Beeinträchtigungen nicht in eine Schublade zu stecken, wie im Sozialsystem vorgesehen. Jede Institution suchte und fand für sich selbst ein Schlupfloch, warum sie nun gerade nicht geeignet war, sich dieses Menschen anzunehmen. Mal störte die Intelligenzminderung, mal die Suchtproblematik. Mal war es das herausfordernde Verhalten, mal die mangelnde Impulskontrolle oder die Delinquenz. Usw. Und dann gab es ja auch noch die „regionale Zuständigkeit“, auch ein sehr beliebter Begriff.

Um zumindest die Suchtproblematik in den Griff zu bekommen, gab es mehrere stationäre Entgiftungen, aber ohne anhaltenden Erfolg. Da Daniel immer wieder in das gleiche Umfeld entlassen wurde, begann alles immer wieder von Neuem. Daniel benötigte eine Langzeittherapie, um von den Drogen loszukommen, am besten in einem ganz anderen Ort und danach auch eine neue Wohnmöglichkeit in einem neuen Umfeld. Und wieder die bekannte Problematik: Sucht und Intelligenzminderung waren nicht vorgesehen im System. Schließlich nannte man eine Klinik, die diese Klientel behandelte. Mit Unterstützung der örtlichen Suchtberatung wurde ein Reha-Antrag für Daniel in dieser Klinik gestellt. Nach einem Vorgespräch vor Ort entschieden die dortigen Verantwortlichen aber, dass sie Daniel nicht in ihrer Klinik aufnehmen könnten. Sie erklärten ihn für nicht rehabilitationsfähig, die Therapie würde ihn überfordern. Damit hatte man ihm nun auch die letzte Chance auf einen Platz im Leben genommen.

Natürlich war seit der Ansage, dass die Einrichtung Daniel entlassen wollte, auch der Kostenträger involviert. Daniel wurde zunächst die Auflage gemacht, in eine bereits geplante Entgiftung zu gehen und anschließend eine Langzeittherapie zu machen. Die Wohneinrichtung nutzte die Gelegenheit, um zu erklären, dass sie Daniel nach dem Klinikaufenthalt nicht wieder aufnehmen würde. Da der Kostenträger daraufhin die Eingliederungshilfe zum Zeitpunkt der Aufnahme in die Klinik einstellte, wurde er aufgrund der ungeklärten Perspektive gar nicht erst in der Klinik aufgenommen.

Daniel war mit der Situation völlig überfordert. Aufgrund meines massiven Protestes sowohl bei der Einrichtungsleitung als auch beim Kostenträger nahm die Einrichtung ihn 14 Tage später wieder auf, diesmal in eine Intensivgruppe. Diese Maßnahme wurde aber auf drei Monate begrenzt, dann sollte endgültig Schluss sein.

Anfangs bemühte Daniel sich, in dieser neuen Gruppe zurechtzukommen. Aber die zeitliche Begrenzung machte es weder ihm noch den Mitarbeitern leicht, sich aufeinander einzulassen. Man sagte ihm auch immer wieder, dass er dort nicht bleiben werde, und ließ ihn spüren, dass man ihn nicht wollte. Die in dieser Intensivgruppe geltenden Strukturen passten gar nicht für Daniel. Für jeden Bewohner war es Pflicht, tagsüber in die Tagesstruktur zu gehen, von morgens 8:00 bis nachmittags um 15:00 Uhr. Wer dies verweigerte, während dieser Zeit die Tagesstruktur verließ oder die Arbeit nicht schaffte, musste das Haus verlassen und durfte erst nach 15:00 Uhr zurückkehren. Für Daniel war der Zeitraum zu lang, mit seiner Anstrengungsverweigerung konnte er das gar nicht durchhalten. Also trieb er sich wieder nur draußen herum. Es war natürlich nicht gerade förderlich, einen Menschen, der nicht werkstattfähig und nicht belastbar war, zum Weglaufen und zu längerer Abgängigkeit neigte, jeden Tag vor die Tür zu setzen. Schließlich verfiel Daniel wieder in alte Verhaltensweisen und alles begann von vorne.

Seitens des Kostenträgers wurde Daniels Verhalten als mangelnde Mitwirkung interpretiert. Die Maßnahme wurde zwar noch einmal verlängert, weil gerade der Reha-Antrag für die Klinik lief, aber es wurden Auflagen gemacht, von denen alle Beteiligten wussten, dass Daniel sie nicht würde einhalten können. Schaffte er es nun nicht, sich daran zu halten, würde ohne ein weiteres Gespräch die Eingliederungshilfe eingestellt. Damit würde dann ein schwerbehinderter junger Mensch auf der Straße landen, weil unser soziales System nicht darauf eingestellt ist, diesen Menschen, die durch jedes gängige Raster fallen, zu helfen.

Daniel war aufgrund seiner Behinderung gar nicht in der Lage, seinen Mitwirkungspflichten gemäß der Eingliederungshilfe nachzukommen. Da aber FASD und all seine Auswirkungen bei den maßgebenden Stellen nicht wirklich bekannt waren und man Daniel ja auch seine Behinderung nicht direkt ansah, wurde das so nicht erkannt. Daniel ist, wie viele Menschen mit FASD, verbal sehr fit und vermittelt dadurch in Gesprächen einen falschen Eindruck. Er scheint alles zu verstehen, und das ist das, was Kostenträger in den meist auch recht kurzen Gesprächen sehen.

Hilfe für Daniel war nun erstmal nicht mehr in Sicht. Wie es weitergehen sollte, war völlig ungewiss. Er hatte bereits mehrfach wieder gegen die Auflagen verstoßen, sodass eine Einstellung der Hilfe bald zu erwarten war. Die Klinik hatte ihn als nicht rehabilitationsfähig abgelehnt, aber der Kostenträger war der Meinung, dass Daniel alles verstand und danach handeln könnte, wenn er nur wollte.

Eine neue Chance

Daniel war inzwischen 22 Jahre alt. Er selbst hatte keine Vorstellung, wie sein Leben weitergehen sollte. Er träumte von einer eigenen Wohnung und einem selbstständigen Leben ohne Bevormundung. Doch daran war gar nicht zu denken, dazu war er nicht in der Lage. Auch hier verkannte er seine eigenen Fähigkeiten völlig.

Seine Zukunft sah zu diesem Zeitpunkt ganz düster aus. Nicht nur, dass er in Bezug auf die Drogenabhängigkeit keine Hilfe bekommen konnte, es drohte ihm die Obdachlosigkeit und damit sein Untergang.

Ich wusste nicht mehr weiter, aber ich wollte und musste ihn irgendwie schützen, auch vor sich selbst. Nach langer Überlegung und mit einem unguten Gefühl im Bauch erwirkte ich beim Betreuungsgericht einen Beschluss für eine langfristige geschlossene Unterbringung. Kurzfristige Unterbringungen von bis zu sechs Wochen auf der geschlossenen psychiatrischen Station hatte ich bereits mehrfach veranlasst, ohne anhaltenden Erfolg. Ich hatte die Hoffnung, dass ich dann eher Hilfe für ihn finden würde. Doch auch das führte zu keinem sinnvollen Ergebnis. Da es kaum geschlossene Wohnheime gibt, sie endlose Wartelisten von zum Teil mehreren Jahren haben und auch hier noch die regionale Zuständigkeit eine Rolle spielt, fand ich auch in diesem Bereich keine Lösung. Die einzige Möglichkeit, die mir mittels des Beschlusses dann geblieben wäre, wäre eine dauerhafte Unterbringung auf der geschlossenen Station einer Psychiatrie für einen Zeitraum von mindestens einem Jahr. Wollte ich das wirklich? Wäre das wirklich eine Hilfe für Daniel? Oder würde das die Probleme eher noch verschlimmern? Wäre er denn nach einem Jahr dort anders als heute? Seine Beeinträchtigungen lassen sich ja nicht heilen. Das einzig Positive wäre, dass er nicht mehr an Drogen herankäme. Dem stand entgegen ein Leben auf einer geschlossenen Station, in Mehrbettzimmern ohne Privatsphäre, ohne die Möglichkeit, sich zurückzuziehen, mit ständig wechselnden Menschen, die alle auch wieder entlassen werden. Ich zermarterte mir das Hirn und erwog das Für und Wider. Ich brachte es letztlich nicht übers Herz, ihm das anzutun, wohl wissend, dass ich dann auch damit leben muss, wenn diese Entscheidung sich später als falsch herausstellen würde.

Es musste noch eine andere Lösung geben. Und tatsächlich, ganz plötzlich tat sich etwas auf. Wieder nur durch einen Zufall und durch einen Menschen, der Mitgefühl mit Daniels Situation zeigte und helfen wollte. Dieser Mensch vermittelte uns den Kontakt zu einer Wohneinrichtung.

Diese Wohneinrichtung nahm sich der Menschen an, die nicht ins System passten, schon gestrauchelt waren und ähnlich dramatische Lebensläufe hatten wie Daniel. Diese niederschwellige Einrichtung hatte es sich zum Ziel gesetzt, Menschen aufzufangen, die durch die Kombination von psychischer Behinderung und Sucht durch die Raster des Systems fallen.

Auch in dieser Einrichtung kannte man FASD bisher nicht und Menschen mit geistiger Behinderung waren dort eigentlich nicht vertreten. Dennoch wollte man es mit Daniel versuchen und ihm zumindest eine gesicherte Wohnmöglichkeit bieten. Überwiegend handelte es sich bei den Klienten ebenfalls um Abhängige. Der Schwerpunkt der Arbeit lag hier eher darauf, den Alltag für die Menschen lebbar zu machen, ihnen ein Zuhause zu bieten, Vertrauen aufzubauen – und das alles fern von hohen Anforderungen und Ansprüchen. Daniel bekam dort relativ schnell einen Wohnplatz. Man begegnete ihm mit Respekt, schaute nicht nur auf die negativen Dinge, lobte auch kleine Fortschritte, und man bot ihm Beziehung.

Nachteilig waren für Daniel die anderen Bewohner. Abstinenz wurde nicht zwingend erwartet, nur im Haus gab es ein absolutes Konsumverbot. Daniel konnte sich nicht abgrenzen und ging immer wieder mit den anderen mit, wenn sie zum Konsumieren nach draußen gingen. Die Drogenproblematik war nach wie vor nicht in den Griff zu bekommen.

Eine Zeit lang schien es tatsächlich etwas besser zu gehen, Daniel gewann Vertrauen zu den Mitarbeitern. Es blieben viele Probleme, doch es schien, als könnte Daniel endlich Hilfe annehmen. Er verbrachte etliche Wochen im Krankenhaus, zog sich immer wieder dorthin zurück, wenn ihm alles zu viel wurde. Die Mitarbeiter waren äußerst kompetent und engagiert und auch bereit, sich auf Daniels spezielle Problematik einzulassen. Die Gefahr der Obdachlosigkeit war nicht mehr gegeben, Daniel war bereit, sich ärztlich, vor allem psychiatrisch, behandeln zu lassen, seine Medikamente wurden ihm unter Aufsicht gegeben. Er bekam viel Unterstützung durch die Mitarbeiter.

Er stabilisierte sich so weit, dass er sogar einen 14-tägigen Urlaub mit uns durchhalten konnte. Zum ersten Mal seit über drei Jahren konnte er sich auf diese Veränderung seines Tagesablaufs einlassen. Aber auch das ging nicht ganz ohne Probleme vonstatten. Obwohl Daniel sich riesig auf die Zeit mit uns freute, machte es ihm doch auch Angst, sich auf das Neue einzulassen. Bis zum Tag unserer Abreise war nicht hundertprozentig klar, ob er es wirklich schaffen würde, ins Auto einzusteigen. Er hat es geschafft.

Wir fuhren mit Daniel für 14 Tage an die See. Wir hofften, ihm eine schöne Zeit machen zu können und ihm wieder ein wenig Freude am Leben zu vermitteln. Er sollte sich in dieser Zeit behütet und beschützt fühlen. Er hatte keine eigenen Ideen zur Gestaltung des Tages, konnte aber die Angebote von uns gut annehmen. Wir verbrachten etliche Stunden einfach nur am Strand. Da wir außerhalb der Saison unterwegs waren, war es oft menschenleer, was Daniel sehr gut tat. Auch die Ausflüge zu den Robben, zum Leuchtturm, zum Hafen und einiges andere waren gut machbar, weil alles nicht so voll war. Viele Menschen konnte Daniel nicht ertragen, das merkten wir, als wir zum Essen in einem Restaurant waren. Es war sehr voll, dementsprechend auch recht unruhig und laut. Daniel wurde zusehends nervöser. Er schaffte es nur mit Mühe, sein Essen zu beenden, dann musste er dringend nach draußen.

Daniel konnte uns nicht zeigen, ob ihm der Urlaub Freude machte. Im Nachhinein haben wir aber gehört, dass er sehr viel davon erzählt hat und viel Spaß hatte. Er möchte wieder mit uns in den Urlaub fahren. Die unbeschwerte Zeit mit uns weit weg von den Problemen des Alltags hat Daniel gutgetan, das haben die Mitarbeiter der Wohneinrichtung uns vermittelt. Nur hat auch das leider wieder nicht lange angehalten.

Auch wenn längst nicht alles gut lief – Daniel war immer wieder abgängig, nahm immer noch Drogen, hatte auch hier Probleme mit den Regeln und mit seinem Verhalten –, schien diese Wohneinrichtung doch eine gute Möglichkeit für ihn zu sein. Immer wieder wurde er so, wie er ist, angenommen, ohne Vorwürfe und Forderungen. Immer wieder waren die Mitarbeiter geduldig bereit, sich auf ihn einzulassen und ihm Hilfe anzubieten. Nur konnte er das alles leider nicht wirklich annehmen.

Kontakt mit der Justiz

Daniel kam als Jugendlicher zum ersten Mal mit der Justiz in Berührung, damals wegen Sachbeschädigung. Er hatte mitgemacht, wie immer. Eigentlich handelte es sich auch eher um jugendlichen Unfug. Ein Papierkorb an einer Straßenbahnhaltestelle lag auf dem Boden und die Jungen sind mehrfach darüber gesprungen, einer wohl auch mal darauf gelandet. Ob sie den Papierkorb selbst heruntergeworfen hatten, war nicht zu ermitteln. Ein Schaden war nicht entstanden. Die Jungen wurden erwischt und die Sache ging ihren Gang. Die Jugendgerichtshilfe wurde eingeschaltet, letztlich wurde das Verfahren aber eingestellt.

Erst viel später kam es immer wieder zu Straftaten. Daniel wohnte schon in der Einrichtung und war bereits an die falschen Freunde geraten. Er konsumierte Drogen. Um diese zu finanzieren, beging er immer wieder Diebstähle. Natürlich hatte er inzwischen auch in der Wohneinrichtung einen gewissen Ruf, was dazu führte, dass er der Einfachheit halber für so ziemlich alles verantwortlich gemacht wurde. Wenn jemand sagte, dass ihm etwas abhandengekommen war, hieß es gleich, das war bestimmt der Daniel. Und selbst dabei wurde er auch noch ausgenutzt. So gab es immer wieder Fakes. Ein Mitbewohner behauptete, Daniel hätte ihm etwas entwendet. Daniel gab dies unumwunden zu und erklärte, das Diebesgut verkauft zu haben. Der Bestohlene forderte Ersatz in Form eines Geldbetrages, dem Daniel sofort zustimmte. Also wurde von Daniels nicht gerade üppigem Taschengeld ein entsprechender Betrag ausgezahlt. Das angebliche Opfer gab Daniel einen kleinen Anteil davon als Belohnung dafür, dass er den Diebstahl eingestanden hatte, den Rest des Geldes behielt er. Dieser Diebstahl hatte nie stattgefunden, die beiden hatten das einfach so vereinbart. Und Daniel freute sich auch noch, dass er diesen kleinen Geldbetrag von dem anderen bekommen hatte. Dass es sich dabei um sein eigenes Geld handelte und der andere davon den Großteil abbekommen hatte, hat er gar nicht verstanden.

Die Delikte häuften sich. Viele wurden aufgrund seiner vermuteten Schuldunfähigkeit eingestellt, einige auch aus anderen Gründen. Zu einer Gerichtsverhandlung oder gar Verurteilung kam es nicht. Aber Daniel machte immer weiter, er bekam viele Anzeigen, musste immer wieder zur Vernehmung, war polizeibekannt und wurde aufgrund der Häufigkeit der Delikte erkennungsdienstlich behandelt. Ihn hat das alles scheinbar nicht nachhaltig beeindruckt.

Erst nach dem Wechsel der Wohneinrichtung wurde es ein wenig besser. Aber die Vergangenheit holte ihn auch dort wieder ein. Er wohnte schon ein halbes Jahr in seinem neuen Wohnheim, als die Staatsanwaltschaft ein Gutachten zur Schuldfähigkeit erstellen ließ. Die vorgeworfenen Straftaten lagen zu diesem Zeitpunkt schon ein Jahr zurück. Daniel sollte noch einmal dazu vernommen werden. Doch wie sollte er denn dazu noch etwas sagen können? Als seine gesetzliche Betreuerin besorgte ich ihm einen Anwalt. Aufgrund seiner Behinderung hatte er das Recht auf einen Pflichtverteidiger, doch darüber informierte uns keiner. Darauf musste ich alleine kommen und dies auch durchsetzen. Fast zwei Jahre nach den Vorfällen kam es dann zur Verhandlung. Der Gutachter, dem FAS auch wieder nicht bekannt war, bescheinigte Daniel eine erheblich verminderte Schuldfähigkeit, aber nicht die totale Schuldunfähigkeit. Das erschwerte die Dinge. Daraufhin erwog die Staatsanwaltschaft sogar eine geschlossene Unterbringung.

Der Gutachter, dem FAS auch wieder nicht bekannt war, bescheinigte Daniel eine erheblich verminderte Schuldfähigkeit, aber nicht die totale Schuldunfähigkeit.

Daniel hatte große Angst, er sah sich schon in Handschellen abgeführt und ins Gefängnis gebracht. Einige Zeit vor der Verhandlung war er wieder weggelaufen und hilflos aufgefunden worden. Diesmal ließ ich ihn per richterlichen Beschluss in die geschlossene Psychiatrie einweisen. Dort verblieb er dann auch über den Gerichtstermin hinaus. Ich glaube, nur dadurch war es überhaupt möglich, dass Daniel trotz seiner Panik zum Gerichtstermin erschien. Er wurde von Mitarbeitern der Wohneinrichtung im Krankenhaus abgeholt und zum Gericht gebracht. Die Verhandlung war schnell beendet. Daniel gab seine Taten zu und wurde zu einer Geldstrafe verurteilt, die er in kleinen Raten abbezahlen konnte. Daniel hat nicht viel von dem Geschehen im Gerichtssaal verstanden. Ich glaube, er war einfach nur froh, dass er das Gerichtsgebäude wieder verlassen durfte. Er wurde zurück ins Krankenhaus gebracht, was auch gut so war, dann konnte er die Dinge erst einmal im geschützten Rahmen verarbeiten.

Ich für meinen Teil war froh, dass es für Daniel noch einmal recht glimpflich abgegangen war. Es wurde keine Strafe verhängt, die mit Auflagen oder Sozialstunden verbunden war, die Daniel dann höchstwahrscheinlich wieder nicht hätte einhalten können. So war diese Sache erst einmal abgeschlossen. Die Geldstrafe würde ihn noch über zwei Jahre lang jeden Monat daran erinnern. Natürlich blieben auch noch die Prozesskosten, die ihm in Rechnung gestellt wurden. Damit war er auf Jahre hinaus verschuldet. Dies erhöhte die eigentliche Strafe um ein Vielfaches.

Daniel wurde auch Opfer von Straftaten. Z. B. wurden ihm Sachen entwendet, der Tatbestand wurde aber nie zur Anzeige gebracht, weil das ohnehin sinnlos gewesen wäre und nur wieder Stress für Daniel bedeutet hätte. Er war mehrmals Opfer von Körperverletzungen, einmal so heftig, dass er im Krankenhaus behandelt werden musste. Eine Anzeige lehnte er aus Angst ab.

Noch viel schlimmer war es allerdings, dass er mit ziemlicher Sicherheit Opfer von sexuellem Missbrauch geworden war. Die Kriminalpolizei hatte anhand von Indizien ermittelt, dass Daniel neben einigen anderen Betroffenen aus derselben Wohneinrichtung ebenfalls Opfer war. Daniel wurde zur Befragung geladen. Er konnte oder wollte nichts aussagen. Nur, dass er den Mann kannte. Das ließ sich nicht abstreiten, denn er hatte diesen Mann mir gegenüber schon einmal erwähnt. Auch dass er dort mehrfach übernachtet hatte, sagte er. Mehr nicht. Aber er reagierte in der Wohngruppe extrem gestresst, wenn der Name dieses Mannes im Gespräch zufällig fiel. Daniel hatte mir gegenüber erwähnt, in der Wohnung des Mannes gewesen zu sein, wo er mit der Spielekonsole spielen durfte und Alkohol und Drogen bekam. Er blieb dann auch über Nacht dort. Insofern war es durchaus möglich, dass Daniel selbst nicht bewusst war, was dann mit ihm gemacht wurde. Ich wollte verhindern, dass Daniel vor Gericht aussagen und dem Menschen dann gegenübersitzen musste. Aufgrund seiner Behinderung hätte er ohnehin nichts Vernünftiges aussagen können, er mischte ja bei allem die Realität mit Fantasie zu seiner ganz eigenen Wirklichkeit. Wahrscheinlich wäre er als nicht glaubwürdig eingestuft worden. Aber für ihn hätte die Aussage ein Trauma auslösen können. Wir hatten Glück, er musste nicht aussagen. Der Mann wurde aufgrund der anderen Aussagen verurteilt.

Wieder Ratlosigkeit

Und nun?
Es ist wieder so weit. Alles bisher an Hilfen Versuchte versagt. Daniel scheint nicht mehr zu helfen zu sein.

Seit einigen Monaten läuft er wieder ständig aus der Wohneinrichtung weg. Nichts scheint ihn dort halten zu können. Er konsumiert immer mehr und immer härtere Drogen. Bedingt durch die Abwesenheiten nimmt er seine Medikamente nicht regelmäßig ein, was alleine schon zu Problemen führt. Es handelt sich um starke und recht hoch dosierte Neuroleptika, die einen Wirkungsspiegel im Körper aufbauen. Plötzliches Absetzen kann ungeahnte Folgen haben. Aktuell hat er auch wieder kleinere epileptische Anfälle.

Es ist bereits mehrmals hintereinander vorgekommen, dass er auf seinen „Ausflügen" hilflos aufgefunden und in ein Krankenhaus eingeliefert wurde. Meist wird er dort nach körperlicher Stabilisierung aber schnell wieder entlassen. Am Grundproblem ändert dies nichts. Er lernt ja auch nicht daraus.

Um den Kreislauf zu durchbrechen, habe ich ihn wieder einmal in die geschlossene Station eines Krankenhauses einweisen lassen, per richterlichem Beschluss nach dem Betreuungsgesetz. Den bekam ich wegen mangelnder Krankheitseinsicht und daraus resultierender Selbstgefährdung.

Dort blieb er sechs Wochen – sechs Wochen an einem Ort, das allein war schon etwas Besonderes. Aber bereits nach wenigen Tagen bekam er Ausgang, den er nutzte, um wieder Drogen zu konsumieren. Dennoch erhielt er wieder Ausgang und der Vorgang wiederholte sich. Erst danach wurde der Ausgang bis zum Ende des Beschlusses komplett gestrichen. Eine Verlängerung der per Gerichtsbeschluss angeordneten Unterbringung setzte voraus, dass die Ärzte vor Ort eine entsprechende Notwendigkeit attestiert hätten. Dies haben sie aber abgelehnt. Daniel konnte auf freiwilliger Basis noch auf der Station bleiben. Da er nun freiwillig dort war, bekam er erneut Ausgang, der wieder mit Drogenkonsum endete. Dem folgte die disziplinarische Entlassung aus dem Krankenhaus wegen fehlender Einsicht.

Wegen fehlender Einsicht! Das muss man sich mal ganz langsam auf der Zunge zergehen lassen. Der richterliche Beschluss war angeordnet worden wegen mangelnder Krankheitseinsicht, entlassen wird er wegen fehlender Einsicht. Mein hoffentlich noch immer gesunder Menschenverstand kommt da nicht mehr mit.

Daniel kam zurück in seine Wohneinrichtung, wo man sich wieder sehr viel Mühe gab. Er war in schlechtem Gesundheitszustand, hatte einige neurologische Probleme und seit langer Zeit auch wieder einen Krampfanfall, entwickelte auch Ängste bezüglich seiner Gesundheit. Trotzdem verließ er nach drei Tagen die Einrichtung und kehrte nicht zurück. Nach etwas über einer Woche fand er sich dann selbst wieder auf einer psychiatrischen Station ein und suchte dort Hilfe.

Was nun? Daniel ist nun 23 Jahre alt. Er wohnt weiterhin in der Einrichtung, wo man sich sehr bemüht, ihm Stabilität und Sicherheit zu vermitteln. Seit circa acht Monaten nehmen die Probleme aber wieder zu. Abgängigkeit und darauffolgende Psychiatrieaufenthalte wechseln sich ab. Immer wieder wird er im Krankenhaus aufgenommen zur Entgiftung, aber auch wegen psychiatrischer Probleme, zum Beispiel hört er vermehrt Stimmen im Kopf. Doch auch im Krankenhaus hält er sich nicht an die Regeln und wird dann disziplinarisch entlassen, weil er nach Auffassung der Ärzte „ja keine Hilfe will". Es ist immer und immer wieder der gleiche Teufelskreis. Es geht Daniel inzwischen sehr schlecht. Die kleinsten Dinge des Alltags verursachen ihm schon Stress und seine einzig mögliche Strategie bei Stress ist nach wie vor Weglaufen. Hilfen in Form von Therapien scheitern an seinen kognitiven Beeinträchtigungen und den fehlenden Alltagskompetenzen.

Was soll ich jetzt tun? Hilft doch nur die geschlossene Unterbringung, um sein Überleben zu sichern? Aber selbst wenn ich einen entsprechenden Beschluss beim Betreuungsgericht bewirke, was dann? Ich weiß doch schon aus Erfahrung, dass ich keine Einrichtung finden werde, die bereit ist, ihn aufzunehmen. Also Psychiatrie, für lange Zeit, mindestens ein Jahr. Würde ihm das helfen? Oder ist danach alles noch viel schlimmer? Ist das noch menschenwürdig? In einem kleinen Zimmer mit drei Betten, drei kleinen Schränken, einer Nasszelle. Zusammengewürfelt mit immer neuen Patienten, die kommen und gehen. Keine Privatsphäre, keine Rückzugsmöglichkeit, nur die allernötigsten privaten Dinge, wie Bekleidung. Keine Zukunftsperspektive, keiner kann sagen, wo er nach dem Krankenhaus leben kann. Ja, er wird überleben, aber um welchen Preis?

Ich weiß nicht weiter. Vielleicht muss ich ihn auch dieses Leben einfach leben lassen, gegen meine Überzeugung und mit all den damit verbundenen Risiken. Aber kann er das überleben? Will er überhaupt noch überleben?
Fragen über Fragen und keine Antworten.

Daniel wird sich und sein Verhalten nicht ändern, er kann es nicht. Also müssen die äußeren Bedingungen an seine Bedürfnisse angepasst werden.

Hoffnungslosigkeit und Angst machen sich wieder breit. Aber immer, wenn es besonders schlimm war, hatte es in der Vergangenheit doch noch einen Ausweg gegeben. Ich vertraue darauf, dass das auch diesmal so sein wird. Und ich habe das gute Gefühl, zum ersten Mal nicht ganz alleine dazustehen und Unterstützung bei den Mitarbeitern der Wohneinrichtung zu finden. Vielleicht findet sich in gemeinsamer Anstrengung ein gangbarer Weg.

Daniel wird sich und sein Verhalten nicht ändern, er kann es nicht. Also müssen die äußeren Bedingungen an seine Bedürfnisse angepasst werden. Nur so kann es funktionieren.

Wir versuchen, weiter als Eltern für ihn da zu sein, auch wenn das wirklich nicht einfach ist. Über all die Jahre, die er nun schon nicht mehr zu Hause lebt, kam er regelmäßig über die Wochenenden zu uns und nahm an den Familienfesten teil. So soll es auch in Zukunft bleiben. Und wenn er es schafft, soll er auch wieder mit uns in den Urlaub fahren.

Die Familie ist ihm inzwischen sehr wichtig und sein einziger Halt.

Nachsatz

Wir haben schwere Zeiten hinter uns, die uns an den Rand dessen gebracht haben, was wir aushalten konnten. Und doch ist und bleibt Daniel unser Sohn, gehört zu uns.

Würde ich es wieder tun?

Die Frage stellt sich nicht, hat sich so auch nie gestellt. Wir haben ja ein „gesundes“ Kind vermittelt bekommen. Wichtig wäre Aufklärung von Anfang an, mehr Information, mehr Hilfen. Für Daniel wäre vielleicht doch einiges anders gekommen, wenn wir von Anfang an gewusst hätten, dass er eine Behinderung hat. So sind ihm Frühförderung, heilpädagogische Hilfen, integrativer Kindergarten, richtige Beschulung usw. nicht vergönnt gewesen. Mit unserem Wissen von heute hätten wir ihn bestimmt nicht auf einer Regelschule eingeschult. Ich denke schon, dass gerade die ständige Überforderung durch die Schule noch einige zusätzliche Probleme mit sich gebracht hat. Insgesamt hätte man ihn beschützter aufwachsen lassen können. Ob er sich dann trotzdem in der Pubertät gegen die engen häuslichen Grenzen in dieser massiven Form aufgelehnt hätte, kann man nicht sagen. Seine Lebensgeschichte ist nun so, wie sie ist.

Für Daniel wäre vielleicht doch einiges anders gekommen, wenn wir von Anfang an gewusst hätten, dass er eine Behinderung hat. So sind ihm Frühförderung, heilpädagogische Hilfen, integrativer Kindergarten, richtige Beschulung usw. nicht vergönnt gewesen.

Aber es war auch nicht alles schlecht. Das hätte man ja gar nicht aushalten können. Daniel war so ein süßer Kerl und hatte so viel Charme, mit dem er vieles einfach wieder wettmachen konnte. Ein charmanter Blick aus seinen großen blauen Augen – und mancher Ärger verschwand. Als Kind lachte er fast immer und war eigentlich immer fröhlich. Er war eben ein Sonnenschein und manchmal zogen heftige Gewitterwolken auf und entluden sich. Der Campingplatz war lange seine heile Welt und im Sport fand er Anerkennung und Bestätigung.

Leider ist er heute gar nicht mehr in der Lage, Sport zu treiben, das fiel irgendwann seiner Antriebslosigkeit zum Opfer. Auch am Angeln hat er keine Freude mehr.

Ein wiederkehrendes Highlight waren die Familienfreizeiten des Vereins FASD Deutschland e. V., an denen wir seit über 10 Jahren regelmäßig teilnehmen. Daniel sah hier, dass er nicht alleine so viele Probleme hatte. Hier gab es Kinder, die genauso waren wie er selbst. Keine Ausgrenzung. Noch heute empfinde ich großes Erstaunen und Freude, wenn ich sehe, wie diese behinderten Kinder miteinander umgehen, wie sie sich als gleich erkennen und sich zusammenfinden. Daniel kann schon lange nicht mehr mitfahren, das würde viel zu viel Stress für ihn bedeuten, er kann nicht mehr unter so vielen Menschen sein. Unsere Tochter aber engagiert sich dort seit einigen Jahren in der Kinderbetreuung. Durch ihre eigenen Erfahrungen mit ihrem Bruder hat sie ein natürliches Gespür für die Bedürfnisse dieser Kinder.

Daniel lebt in seiner eigenen Welt, hat seine eigene Logik. So ist er z. B. der festen Überzeugung, dass er nur deswegen behindert ist, weil ich ihn zum Arzt gebracht habe. Und Abitur hat er nur deswegen nicht, weil er nicht auf das Gymnasium geschickt wurde. Er will seine Defizite nicht akzeptieren. Damit kämpft er bis heute.

Er hat überhaupt keinen Antrieb mehr für irgendwelche Aktivitäten zur Freizeitgestaltung, noch hat er Ideen, wie man die Zeit verbringen könnte. Auch an eine wie auch immer geartete Form von Arbeit im allerweitesten Sinne ist gar nicht zu denken. Daniel kann sich nie lange auf eine Sache konzentrieren, einfache Gespräche strengen ihn so sehr an, dass z. B. ein Krankenhausbesuch von uns spätestens nach einer Stunde beendet werden muss, weil er nicht mehr kann. Auch wenn er am Wochenende in unserem Haushalt ist, muss er sich immer wieder zurückziehen, damit nicht alles zu viel für ihn wird. Er ist in keiner Weise mehr belastbar.

Daniel ist ein komplizierter Mensch mit vielen Handicaps und Schwierigkeiten und ganz geringer Stresstoleranz. Doch manchmal, in sehr guten Zeiten, hat er noch so einiges von dem Daniel, der er früher war. Dann fällt er auf durch Empathie gegenüber seinen Mitbewohnern, durch Hilfsbereitschaft, durch Freundlichkeit und Höflichkeit. Dann übernimmt er freiwillig einfache Tätigkeiten im Wohnheim und führt diese auch wirklich zu Ende. Es scheint noch nicht alles ganz verloren zu sein. Also gibt es auch noch Hoffnung. Und solange es noch Hoffnung gibt, geben wir nicht auf.

Verein

Lange Zeit glaubten wir uns mit unserem besonderen Kind und seinen Problemen alleine. Wir selbst kannten ja diese merkwürdigen Verhaltensweisen von unseren anderen drei Kindern auch nicht. Wir zweifelten an uns selbst, stellten uns die Frage, warum wir bei diesem Kind erzieherisch nicht viel erreichten.

Als wir dann durch Zufall auf den Bericht über FAS stießen, keimte in uns ein erster Verdacht auf. Nach allem, was wir von der Mutter wussten, konnte es durchaus sein, dass unser Sohn von FAS betroffen war.

Wir bekamen Kontakt zu einer Gruppe von Menschen, die mit betroffenen Kindern lebten. Endlich mussten wir das Verhalten unseres Sohnes nicht mehr erklären und rechtfertigen, diese Leute kannten das alles aus eigener Erfahrung. Hier wurden wir ermutigt, unseren Jungen bei einem Spezialisten zur Abklärung vorzustellen.

Obwohl wir es eigentlich schon ahnten, war die Diagnose dann doch ein Schock für uns, mussten wir uns doch von der Vorstellung einer normalen Schulbildung und Ausbildung, eines eigenständigen Lebens wahrscheinlich verabschieden. Andererseits war die Diagnosestellung auch eine Erleichterung. Es lag weder am Kind noch an unserer Erziehungs(un)fähigkeit, dass unser Sohn so war, wie er eben war, er hatte eine vorgeburtliche Hirnschädigung. Es änderte natürlich nichts an unserem oft stressigen Alltag und leider auch nichts daran, wie in der Schule mit ihm umgegangen wurde, aber es änderte unseren Blickwinkel und unser Verständnis für seine Verhaltensweisen. Die Diagnostik ermöglichte auch die Beantragung eines Schwerbehindertenausweises, den er auch bekam, ebenso wie die Pflegestufe 1.

Wir fanden nun Verständnis und Unterstützung in dieser Selbsthilfegruppe, einige dieser Menschen wurden zu Freunden. Die Kontakte, die wir hier gefunden haben, sind uns sehr wertvoll. Ohne unseren Daniel hätten wir diese Menschen nie kennengelernt.

Aus dieser anfänglich kleinen Gruppe entwickelte sich im Laufe der Jahre der Verein FASD Deutschland e. V., der sich für Menschen, die von FASD betroffen sind, und ihre Bezugspersonen einsetzt und Aufklärungsarbeit leistet, damit die Gefahren von Alkohol in der Schwangerschaft ins öffentliche Bewusstsein gerückt werden. Auch wir selbst sind bis heute in diesem Verein aktiv. Der Verein hat seit seinem Bestehen viel erreicht. Er richtet einmal jährlich eine große Fachtagung zum Thema aus und bietet betroffenen Familien eine Bildungsfreizeit zur Weiterbildung und zum Austausch untereinander an. Die Fachbeiträge der Tagung werden regelmäßig veröffentlicht, um FASD publik zu machen. Darüber hinaus nimmt unsere 1. Vorsitzende auch an maßgeblichen Gremien teil. Immer noch arbeiten alle hier im Verein ehrenamtlich und mit großem Engagement. Nach wie vor unterstützen wir uns alle gegenseitig und geben gerne unser Wissen und unsere persönlichen Erfahrungen weiter. Diese besondere Gemeinschaft möchte ich nicht mehr missen.

Wie ging und geht es mir damit?

Durch die Umstände um und mit Daniel hatte ich viel Kontakt zu den unterschiedlichsten Beratungsstellen, bei denen ich vergeblich Hilfe für ihn suchte. Immer wieder mal bekam ich den vielleicht gut gemeinten Rat von „Profis", mir das doch nicht länger anzutun. Ich sollte mich doch zurückziehen, ihm wäre sowieso nicht mehr zu helfen. Die Belastung für mich wäre doch viel zu groß.

Aufgeben? Ihn seinem Schicksal überlassen? Was denken sich denn solche Leute? Als ob man die Liebe zu einem Menschen einfach so abschalten könnte. Ich liebe meinen Sohn. Natürlich belastet mich das alles auch heute noch. Meine Gefühle fahren oft Achterbahn, ein Gemisch aus Verzweiflung, Wut, Trauer, Angst, Hilflosigkeit und Hoffnungslosigkeit. Aber das alles ist doch kein Grund, ihn einfach aufzugeben. Eher das Gegenteil ist der Fall. Wer, wenn nicht wir als seine Familie, soll denn noch für ihn da sein? Wo, wenn nicht bei uns, soll er Halt finden? Wer soll ihm noch ein kleines bisschen Sicherheit geben? Wer soll für ihn kämpfen bei Behörden und Ärzten? Nein, wir sind seine Familie, wir werden immer für ihn da sein.

Viel wichtiger für mich ist es, Vertrauen zu den Menschen haben zu können, die um ihn herum sind, die Mitarbeiter der Wohneinrichtung zum Beispiel. Seit Daniel in seiner jetzigen Einrichtung lebt, kann ich mich darauf verlassen, dass alle sich sehr um ihn bemühen und sich gut kümmern. Und auch die Zusammenarbeit mit mir ist eng und vertrauensvoll. Nach all meinen zum Teil sehr unschönen Erfahrungen mit den unterschiedlichsten Menschen der verschiedenen Professionen ist es für mich ein besonderes Gefühl, wenn man mich ernst nimmt und mir auf Augenhöhe begegnet. Alleine das gibt mir schon einen großen Teil Gelassenheit zurück.

Wie oft schon habe ich mich unverstanden, alleine, hilflos, abgewertet, nicht ernst genommen, schlecht behandelt, verloren im System und auch wütend und verzweifelt gefühlt. Und wenn es schon mir so ergangen ist, wie muss sich dann erst Daniel in den jeweiligen Situationen gefühlt haben? Es ist ja nicht so, dass er nicht spürt, was um ihn herum geschieht. Er hat feine Antennen da-

Er hat feine Antennen dafür, wenn er abgelehnt und nicht gewollt wird. Aber er hat praktisch keine Strategien, wie er mit diesen Gefühlen umgehen kann. Heraus kommt dann immer wieder Flucht, Aggression oder totaler Rückzug.

für, wenn er abgelehnt und nicht gewollt wird. Aber er hat praktisch keine Strategien, wie er mit diesen Gefühlen umgehen kann. Heraus kommt dann immer wieder Flucht, Aggression oder totaler Rückzug.

Das Schlimmste für mich war und ist aber, dass er seine Fröhlichkeit verloren hat. Er kann nicht mehr herzlich lachen, er kann nicht einmal mehr zeigen, ob er an einer Sache Freude hat. Manchmal merkt man an späteren Reaktionen, dass ihm etwas Spaß gemacht hat. Aber auch Traurigkeit kann er nicht richtig empfinden und einordnen. Er kann nicht mehr unter Menschen sein, früher war er ein Hans Dampf in allen Gassen.

Manchmal empfinde ich es einfach nur als total unfair, dass für einen Menschen wie Daniel keine Hilfsangebote existieren. Bei Intelligenzminderung gibt es spezielle Hilfsangebote, die die Teilhabe an der Gesellschaft sichern sollen. Menschen mit psychischen Problemen stehen spezialisierte Angebote zur Verfügung. Und auch Menschen mit einer Suchterkrankung haben Zugang zu Entgiftung, Entwöhnungstherapie und anschließenden weiteren Hilfen. Daniel aber vereint all diese Beeinträchtigungen in sich und wird gerade dadurch vollständig von den Hilfen ausgeschlossen. Er erhält keine Therapie gegen seine Sucht, er soll ganz alleine mit diesem Problem fertig werden. Wie soll das denn gehen? Genauso geht es ihm auch mit seinen psychischen Problemen, nicht therapierbar aufgrund der Intelligenzminderung. Also auch da keine Hilfe. Und so potenzieren sich die Probleme. Nein, es ist einfach nicht fair!

Ich bin mir immer bewusst, dass ich auch eine große Verantwortung für meinen Sohn zu tragen habe. Aber es ist leider so, dass ich viele negative Dinge einfach nicht beeinflussen kann. Also muss ich mich irgendwie damit arrangieren und immer wieder versuchen, im jeweiligen Moment das für mich dann richtig Erscheinende zu tun. Ich kann nur immer wieder darauf hoffen, die beste Möglichkeit für ihn zu finden und zu nutzen.

Irgendwann habe ich angefangen, die Tagesereignisse aufzuschreiben. Anfangs nur zur Dokumentation, um z. B. bei Gesprächen in der Schule mit Datum und Uhrzeit darauf zurückgreifen zu können. Im Laufe der Zeit merkte ich, dass es mir persönlich half, die Dinge schriftlich festzuhalten. Dann konnte ich alles noch einmal in Ruhe überdenken und einordnen. Entstanden ist ein sehr persönliches Tagebuch, das nicht mehr nur die Fakten, sondern auch meine persönlichen Ängste, meine Verzweiflung und meine Wut enthält. Es ist zu meinem Weg geworden, die Ereignisse zu verarbeiten. Ich halte es heute noch so.

Immer wieder in der Vergangenheit – und zum Teil auch heute noch – wurde ich mit all meinen Bedenken und Warnungen nicht ernst genommen. Immer wieder wurde mir unterstellt, mein Kind „behindert" zu reden. Oft wurde auch in meiner Person die Ursache für Daniels Probleme gesehen. Entweder war ich die überdrehte Mutter, überfürsorglich und damit viel zu einengend für das arme Kind, oder mir wurde gesagt, dass ich viel strenger und konsequenter sein müsste und dem Kind nicht alles durchgehen lassen dürfte. Immer so, wie es gerade passte, und immer ohne die Zusammenhänge zu kennen oder zu beachten. Natürlich löste diese Art, mit mir umzugehen, bei mir immer wieder Selbstzweifel, Rückzug, Resignation aus. Und doch raffte ich mich jedes Mal wieder auf und kämpfte weiter gegen dieses Unverständnis, diese Unwissenheit und vor allem diese Überheblichkeit und Ignoranz bei den Fachleuten, für die sie sich ja hielten. Auch heute noch rege ich mich auf, wenn mir wieder einmal totale Unwissenheit gepaart mit dem Anspruch des Allwissens begegnet. Die gern benutzte Floskel: „Er könnte, wenn er nur wollte", kann ich nicht mehr hören. Aber ich versuche gar nicht mehr, dieses zu ändern. Vielmehr versuche ich, in diesem Fall den Behandler zu wechseln, denn ein Miteinander ist auf dieser Basis nicht möglich. Und es ist die Gesundheit meines Sohnes und es sind meine Nerven, um die es letztlich geht.

Es ist nicht einfach, ein Kind mit FAS großzuziehen. Aber es ist auch nicht unmöglich. Sicher war und ist es auch heute noch immer wieder eine große Belastung, aber doch nicht nur.

Es gab auch viele schöne Momente mit unserem Sohn, so wie mit den anderen Kindern auch. Seine Entwicklung schritt voran, wenn auch langsamer. Auch er hatte seine großen Feste wie Einschulung, Kommunion und Firmung. Wichtig war mir immer, dass es meinen Kindern gut geht, sie ein schönes Leben haben und viel lachen können. Eine fröhliche Grundstimmung in der Familie ist die Grundlage für alles andere. Ich denke, dass dies auch für Daniel galt.

Und es geht gar nicht so sehr um die großen Dinge. Kraft schöpft man oft aus den ganz kleinen Erlebnissen des Alltags: eine gemütliche gemeinsame Tasse heißen Kakao nach einem Winterspaziergang, ein Bastelnachmittag, weihnachtliches Plätzchenbacken, ein Vorleseabend mit Kerzenschein in der Adventszeit, ein fröhliches Lachen, eine liebevolle Umarmung, die Gutenachtgeschichte im Bett, ein gemütlicher Familienfernsehabend, ein liebevoll gebasteltes oder gemaltes Geschenk zum Muttertag oder ein unvermitteltes „Ich hab' dich lieb, Mama". Diese Kleinigkeiten machen Familie aus, dieses Miteinander und Füreinander. Und dann ist es möglich, auch schwierige Situationen immer wieder anzunehmen und zu meistern.

In der Kindheit gingen die Belastungen für mich eher gar nicht vom Kind selbst aus, auch wenn Daniel anstrengend war, sondern es war vielmehr das Unverständnis und die Ablehnung von außen, die uns das Leben erschwerten. Den größten Anteil daran hatte eindeutig die Schule. Es ist ja nicht so, dass ich nicht eine Zeit lang selbst an mir zweifelte. Aber die anderen Kinder liefen doch in geordneten Bahnen. Es konnte doch nicht sein, dass ich nur bei diesem einen Kind versagte.

Und die ständigen Kämpfe: Ich kämpfte mit Ämtern um die Finanzierungen, ich kämpfte zu Hause mit meinem Kind, für das die Situation auch oft unerträglich war. Immer wieder bekam ich es ab, wenn Daniel seine verrückten Attacken hatte. All sein Schreien, Drohen, Pöbeln, Schimpfen, mit Dingen werfen, sich aufbauen, gegen die Wände schlagen, seine Selbstverletzungen, die Zusammenbrüche, seine nächtlichen Angstträume, all das musste ich aushalten und auffangen. Ich sah, dass auch alle anderen Familienmitglieder unter der Situation litten. Es war einfach nur zum Verzweifeln. Entsprechend angespannt und gereizt war ich auch, und das über einen Zeitraum von weit über zwei Jahren. Ich weiß heute eigentlich gar nicht mehr, wie wir alle das überstanden haben. Ich kann mich nur noch erinnern, dass ich oft sehr erschöpft und verzweifelt war und viel geweint habe. Auch alle anderen Familienmitglieder waren hoch belastet. Aber wir haben es irgendwie geschafft, wir haben überlebt, und, viel wichtiger, wir sind immer noch eine Familie.

Und dann? Hat sich etwas geändert?

Daniel wohnte nun nicht mehr in unserem Haushalt. Die unmittelbaren Wutattacken trafen mich also nicht mehr. Aber wir waren und sind sein einziger Halt in der Welt. Per Telefon ließ er sich immer wieder aus, wenn es ihm schlecht ging. In seiner Hilflosigkeit und Verzweiflung beschimpfte er mich und die ganze Familie, wollte nichts mehr mit uns zu tun haben. Kurze Zeit später, oft schon am nächsten Tag, war dann wieder alles anders, und er musste sich vergewissern, dass wir ihn noch lieb hatten. Eigentlich war dieses Verhalten nur ein einziger Schrei nach Hilfe. Oft stand er unangemeldet vor unserer Tür, manchmal in merkwürdigem Zustand. Es ging einfach so weiter. Aber irgendwann hat dieses Verhalten dann doch aufgehört. Inzwischen ist ihm die Familie sehr wichtig.

Heute gibt es neue Probleme, schlimmer noch als alles, was zuvor war. Jetzt bin ich zwar nicht mehr täglich durch sein Verhalten und seine Ausraster belastet, aber nun muss ich wegen der Drogenabhängigkeit wirklich Angst um mein Kind haben. Die Wohneinrichtung ist machtlos trotz allem guten Willen bei den Mitarbeitern. Es gibt keine Therapie und keine Hilfen für Menschen wie ihn. Also ist er gefangen in einem Teufelskreis aus Weglaufen, Drogenkonsum, Psychiatrieaufenthalt. Alleine kann er es nicht schaffen, aus dieser Endlosschleife auszubrechen, und geeignete dauerhafte Hilfe ist nicht zu finden.

Jetzt geht es tatsächlich um das Überleben meines Sohnes. Er ist nun 24 Jahre alt, hat einen Schwerbehindertenausweis mit einem Grad der Behinderung von 100 % und den Merkzeichen G, B, H sowie die Pflegestufe 1. Er droht aus allen Hilfesystemen herauszufallen.

Und ich kämpfe weiter: für ihn, um ihn, mit ihm und manchmal auch gegen ihn.

Brief an Daniel

Dich frage ich gar nicht nach dem Warum. Ich weiß, dass Du oft nicht weißt, was Du tust. Du möchtest die Dinge selbst nicht so, wie sie letztlich geschehen. Du bist hilflos, oft verzweifelt, manchmal auch einfach zu naiv.

Du gerätst viel zu schnell unter Stress, schon im ganz normalen Alltag. Du hast keine andere Strategie zur Stressbewältigung als Weglaufen, Aggression oder Rückzug. Meist läufst Du weg, bist dann ohne jede Hilfe dem Leben ausgeliefert.

So gerätst Du immer wieder in denselben Teufelskreis aus Weglaufen, Drogenkonsum, Psychiatrieaufenthalt. Aber für Dich gibt es keine Hilfe, keine Therapie. Dafür bist Du zu krank. Immer wieder fängt alles von vorne an.

Ich möchte Dir helfen, aber ich weiß nicht wie. Ich möchte Dich beschützen, aber ich schaffe es nicht. Das, was ich vielleicht nun tun muss, um Dein Überleben zu sichern, will ich eigentlich gar nicht. Aber eine andere Möglichkeit scheint es nicht zu geben.

Warum geht es mir nun schlecht, weil ich eine Entscheidung für Dich, für Dein Leben treffen muss? Warum fühle ich mich nun schuldig, Dir das antun zu müssen?

Du wirst es nicht verstehen, wirst wahrscheinlich wütend auf mich sein. So, wie Du es immer bist, wenn Du die Dinge nicht verstehst und nicht mehr weiterweißt. In Deiner Hilflosigkeit bin ich Dein Überdruckventil. Das halte ich aus.

Ich liebe Dich, deshalb muss ich wohl tun, was ich nicht will.

Für Dich, für uns beide.

Literaturempfehlungen

FASD – Fetale Alkoholspektrumstörungen
Auf was ist im Umgang mit Menschen mit FASD zu achten? Ein Ratgeber
Schulz-Kirchner Verlag
ISBN 978-3-8248-0888-5

Perspektiven für Menschen mit Fetalen Alkoholspektrumstörungen (FASD)
Einblicke – Ausblicke / 14. Fachtagung in Erfurt 28.–29.09.2012
Schulz-Kirchner Verlag
ISBN 978-3-8248-1010-9

FASD: Wenn Liebe allein nicht ausreicht ...
15. FASD-Fachtagung in Ludwigshafen/Rhein 27.–28.09.2013
Schulz-Kirchner Verlag
ISBN 978-3-8248-1184-7

Leit(d)pfade durch das Leben
16. FASD-Fachtagung in Dresden 26.–27.09.2014
Schulz-Kirchner Verlag
ISBN 978-3-8248-1153-3

FASD eine Herausforderung!
17. FASD-Fachtagung in Osnabrück 25.–26.09.2015
Schulz-Kirchner Verlag
ISBN 978-3-8248-1201-1

FAS-Erste-Hilfe-Koffer
Hilfen und Tipps zur Erleichterung des Alltags mit einem alkoholgeschädigten Kind oder einem Kind mit ähnlichen Verhaltensauffälligkeiten
Schulz-Kirchner Verlag
ISBN 978-3-8248-1002-4

Im Internet

www.fasd-deutschland.de
www.fetales-alkoholsyndrom.de
http://www.ev-sonnenhof.de/fasd-infomaterialien.html
http://www.fasd-netz.de/

Die Auflistungen erheben keinen Anspruch auf Vollzähligkeit.